2013年度大连外国语大学校级资助基金项目

俄语商务信函教程
Коммерческая корреспонденция на русском языке

鲁 速 编著

图书在版编目(CIP)数据

俄语商务信函教程/鲁速编著. —北京：北京大学出版社，2016.7
（21世纪大学俄语系列教材）
ISBN 978-7-301-26937-4

Ⅰ.①俄… Ⅱ.①鲁… Ⅲ.①商务—俄语—信函—写作—高等学校–教材 Ⅳ.①H355

中国版本图书馆CIP数据核字(2016)第032587号

书　　名	俄语商务信函教程
	EYU SHANGWU XINHAN JIAOCHENG
著作责任者	鲁　速　编著
责任编辑	李　哲
标准书号	ISBN 978-7-301-26937-4
出版发行	北京大学出版社
地　　址	北京市海淀区成府路205号　100871
网　　址	http://www.pup.cn　　新浪微博:@北京大学出版社
电子邮箱	编辑部 pupwaiwen@pup.cn　　总编室 zpup@pup.cn
电　　话	邮购部010-62752015　发行部010-62750672　编辑部010-62759634
印刷者	天津和萱印刷有限公司
经销者	新华书店
	787毫米×1092毫米　16开本　13.5印张　320千字
	2016年7月第1版　2023年10月第3次印刷
定　　价	55.00元

未经许可，不得以任何方式复制或抄袭本书之部分或全部内容。
版权所有，侵权必究
举报电话: 010-62752024　电子邮箱: fd@pup.cn
图书如有印装质量问题，请与出版部联系，电话: 010-62756370

前　言

俄语商务信函既包括以传统方式邮寄的纸质商务信函，也包括采用现代化通讯工具传送的电子商务信函，二者在语言表达方式上没有本质的差异。熟练使用俄语商务信函是对俄语商务人员的基本要求，它对商务活动的效果起到至关重要的作用。编写这本教材的目的就是帮助俄语学习者和俄语商务人员提高使用俄语商务信函的能力。

本教材是根据商务活动的实际情况及其典型任务的特点，本着实用性和典型性的原则，按照商务活动的规律编写而成的。教材的内容共分为18个单元，第1单元主要对俄语商务信函的体裁特征进行总体的概述，目的是使学习者能够认识俄语商务信函文本的基本结构，为学习教材其余单元的内容奠定基础。

除了第1单元以外，教材根据典型的俄语商务信函的主题差异，按照类别划分第2至第18单元。在编排这些单元的顺序时，我们尽量兼顾了商务活动的业务操作程序。每单元均由导语、例信、注释、任务与练习以及单词与词组6个部分组成。

单元中的导语主要说明该单元中的商务信函的主题内容，其目的是让学习者能够基本了解商务背景知识，为学习相应主题的俄语商务信函提供条件。从第2单元起，每个单元的3篇俄语例信都有相应的汉语参考译文，这样有助于学习者从总体上认识俄汉商务信函的语言差异。为了便于学习者掌握俄语商务信函的语言表达规律，各单元的注释有针对性地说明了俄语商务信函的典型语言特征。注释还按照俄语商务信函主题和语义的差异，提供俄语商务信函中使用的惯用语，这样能够使学习者在使用本教材时更加有章可循。单元的任务与练习中包括商务信函文本的阅读与理解、商务信函句子的俄译汉与汉译俄、按照任务要求进行商务信函写作等内容。这种设计的目的是通过大量的任务与练习，逐步巩固和提高学习者的俄语商务信函的阅读、翻译和写作能力。为了便于学习者检验自己的学习效果以及进行复习，教材附有任务与练习内容的答案和参考译文。商务信函的内容具有很强的专业性，为了准确理解和表达其语言内容，方便学习者掌握有关俄语词汇，教材通过单词与词组表列出了例信、任务与练习中的生词和词组。

本教材各个单元的结构编排新颖，内容丰富实用。在编写过程中，编者除了遵循俄语商务信函文本传统的规范要求以外，还兼顾了当前俄语商务信函语言表达方式的变化趋势。它既可以作为俄语专业高年级本科生、研究生以及具有一定俄语语言基础的商务专业学生学习商务俄语的专门用书，还可以作为从事商务俄语工作的专业人员的业务参考用书。

本教材的商务信函及其他语言材料主要来源于商务活动的实际工作之中，同时还借鉴了国内外大量的相关资料。俄语语言教学专家А.А. Бочкарёв对本教材的编写工作给予了很大的帮助，他对全书的俄语语言内容做了认真的审阅。在此谨对相关资料的编者以及А.А. Бочкарёв先生一并表示感谢。

编者
2016年2月

目 录
Содержание

第1单元　俄语商务信函概述 (Характеристика коммерческой корреспонденции) ……… 1
第2单元　询盘函 (Письмо-запрос) ……… 7
第3单元　发盘函 (Письмо-предложение) ……… 16
第4单元　回盘函 (Письмо-встречное предложение) ……… 27
第5单元　确认订货函 (Письмо-подтверждение заказа) ……… 37
第6单元　样品与商品品质函 (Письмо об образце и качестве товара) ……… 46
第7单元　发运货物函 (Письмо об отгрузке товара) ……… 55
第8单元　支付函1. (Письмо о платеже 1.) ……… 65
第9单元　支付函2. (Письмо о платеже 2.) ……… 74
第10单元　商务附函 (Сопроводительное письмо к документам) ……… 83
第11单元　提示函 (Письмо-напоминание) ……… 92
第12单元　索赔与理赔函 (Письмо-рекламация и ответ на него) ……… 101
第13单元　代理业务函 (Письмо об агентских услугах) ……… 111
第14单元　工程技术服务函 (Письмо по инженерно-техническим услугам) ……… 121
第15单元　商务广告函 (Рекламное письмо) ……… 132
第16单元　商务邀请函及其复函 (Письмо-приглашение и ответ на него) ……… 142
第17单元　商务贺信 (Письмо-поздравление) ……… 152
第18单元　感谢信 (Письмо-благодарность) ……… 161
参考答案 ……… 170

俄语商务信函概述(Характеристика коммерческой корреспонденции)

　　俄语商务信函是企业开展商务活动时对外联系的重要工具。广义的商务信函包括邮寄的信件、通过传真发送的信件以及通过网络发送的电子信件，它们都是公文事务文体的重要体裁。商务信函的基本功能是为签订合同和履行合同提供支持。根据内容和用途，俄语商务信函可以具体划分为不同的种类。例如，询盘信函、回盘信函等等。通常一个俄语商务信函中既可以包括多项商务主题内容，也可以只有一项商务主题内容。但是，现在每个信函中只包含一个内容已经成为一种流行形式，因为这样可以保持主题和层次清楚、逻辑连贯。

　　俄语商务信函的形式结构要素比较复杂，邮寄的俄语商务信函主要包括首部的发函单位与收函单位的信息、主体部分和结尾部分。相对于邮寄的商务信函而言，商务传真和商务电子函中的发函单位信息、收函单位信息和主题的表达方式较为简单，而它们的其他部分在语言表达方式上与邮寄的商务信函的差别不大。因此，本书将以邮寄的商务信函为主来介绍包括商务传真和商务电子函在内的商务信函的语言表达特征。

　　1）首部（область заголовка）：发函单位与收函单位信息。发函单位信息包括发函单位的地址、单位名称、联系电话、传真、电子信箱与网址、发函日期等。有些商务信函中还包括发函单位的标志、发函单位的纳税人识别号码与在纳税机关登记依据代码（ИНН/КПП）、企业的国家统一登记号码（ОГРН）以及发函号码等信息。收函单位信息包括收函单位的正式名称、单位地址和具体的收函人等。收函单位及其具体部门的名称使用第一格形式。例如：ЗАО "Оксиды"。收函人的名和父称采用缩写形式，它们位于收函人的姓之前。收函人的姓及其职务采用第三格形式，例如：Генеральному директору общества "Кристалл" В.А. Лагунину。

　　发函日期一般采用阿拉伯数字以日、月、年的顺序表示，其中日和月分别需要使用两位阿拉伯数字表示，日、月和年之间用"."分开，年需要用四位阿拉伯数字表示。例如，"2014年9月1日"表示为"01.09.2014"。俄语商务信函也使用单词和数字的方法以及采用年、月和日的顺序表示日期。例如，"2014年9月1日"可以分别表示为"1 сентября 2014 г."或"2014.09.01"，特别是后者在俄语国际商务信函中的使用越来越普遍。

　　2）主体部分（основная часть）：即商务信函的主干部分。根据商务信函的总体情况，主干也可以划分为多个部分。其中主要包括引子部分和正文部分。

　　引子部分包括题目、问候与称呼语。题目要求能够反映信函的主要内容，一般由带前置词«О»或«Об»的称名句构成（如 О сроках поставки, Об участии в выставке）。俄语商务信函中有时省略题目，特别是信函内容比较简单并且所使用的字数较少时，可以不必添加信函的题目。商务信函的题目一般不使用在法律函中使用的前置词 касательно、касается。正确的问候与称呼语不仅能够引起收函人的注意，而且能够为了解信函内容的语气提供帮助，有利于协调和支持双方的业务联系。常用的称呼语包括收函人的职务、姓名和父称。例如：Уважаемый Иван Иванович!

除了使用对方的名字+父称方式，商务信函中常见的打招呼方式主要还有以下几种：

Уважаемый господин (+姓)!

Уважаемая госпожа (+姓)!

Уважаемые господа!

"господин"和"госпожа"可分别缩写为"г-н"和"г-жа"。

在与级别较高的人员联系时可以直接称呼对方的职务。例如：Уважаемый господин председатель! Уважаемый господин генеральный директор!

在问候与称呼语之后有时也使用逗号，它赋予信函平常事务的性质，而在问候与称呼语之后加上惊叹号则使信函具有重要性和正式性的语气。在使用问候与称呼语时，发函人需要注意自己与收函人的熟悉程度、关系特点、自己的职位和礼节要求等因素。如果称呼语中使用的是名字和父称，而没有使用姓，则称呼语带有一些个人色彩；如果称呼语只使用姓，则赋予整个信函语言内容的正式性色彩以及对收信方尊重的色彩。

如果商务信函开头的问候语使用 Здравствуйте!，结尾的称颂语可使用 До свидания! Всего доброго! С надеждой на сотрудничество。最中性的称颂语的表达方法是 С уважением。如果信函的开头称呼语与问候语为 Уважаемый Иван Петрович 这种形式，则信的结尾应该使用称颂语 С уважением，署名应该使用姓名的全称（如：Пётр Петров）。

正文中主要说明发函的详细内容。正文又可以分为三个部分，第一部分主要表达发函的依据或原因；第二部分主要表达具体的要求和建议等；第三部分为结束语部分，结束语根据通信双方的了解程度以及主题内容的不同而有一定的差异，但通常结束语经常以独段形式表示希望进一步合作、希望问题的合理解决、表示感谢和信任等礼节性结束语，这些内容通常使用套语表示。例如，Ожидаем вашего согласия/решения; Надеемся получить положительный ответ; Заранее благодарны; Мы рассчитываем на успешное продолжение сотрудничества 等。

3）结尾部分（заключение）：包括祝颂语和落款两部分。俄语商务信函中使用的祝颂语比较固定，例如经常使用 С уважением、Искренне Ваш。商务信函的结尾中也使用 С наилучшими пожеланиями; Всего наилучшего 等语言表达方式，但是使用这两种表达方式时一般在结尾中不出现发函人的职务。商务信函不使用 С приветом! Пока! 等私函使用的祝颂语。商务信函的落款通常由企业或某项业务的负责人员的职务和签名构成，信函的签名包括签字人的手写与打印的名、父称与姓。俄罗斯商务信函的落款一般还加盖企业的印章。例如：

Президент АО «ИМШ»　　*Личная подпись*　　А.А. Борисов　（Печать）

在实际商务活动中，极少有商务信函能够将各个部分的信息均完全体现出来，每

俄语商务信函概述 (Характеристика коммерческой корреспонденции) 第1单元

个商务信函的作者主要根据实际需要，选择各个部分中必要的信息，与本身业务交际活动无关或者关系不大的信息均被省略。商务信函的其他部分均是为主体部分提供支持，但如果缺少其他部分，则不能视为完整的函件，甚至难以达到交际效果。

另外，与邮寄方式发送的信函相比，使用传真或电子信箱发送的俄语信函，特别是国际性的俄语商务信函的发函单位与收函单位信息大大简化。在传真中主要保留发函单位的名称和收函单位的名称，这主要是受英语传真格式影响的结果。而电子信箱发送的商务信函往往是按照信箱提供的格式填写收函单位和主题，正文中的其他有关发函单位与收函单位信息基本省略。

商务信函文本的格式：

ОАО «Мэк»		
ул. Вавилова, д. 38		
Москва, Россия 1150206 Тел.: 7(495) 951-34-64		
Факс: 7(495) 953-26-22 E-mail: office@мэк.ru.		Генеральному директору АО «Рассвет» г-ну Гао
Http://www.мэк.ru		
ОГРН 0000000000		
ИНН/КПП 0000000000/0000000000		
09.10.2014 №6-9/26		
На № ____ от ____		
О предложении сотрудничества	**Текст** письма	
Генеральный директор	*Личная подпись*	М.И. Иванова

Пояснения:

1. 商务信函中的呼语表达形式有以下规律：
- Уважаемый (*Иван Иванович*) —这种呼语最为常见，特别是对于长期的以及比较了解的合作伙伴更经常使用，这种表达方式具有半官方性。
- Уважаемый господин (*Иванов*) —最普遍使用的正式的书面语表达方式。
- Глубокоуважаемый (*Иван Иванович*) —不用。
- Многоуважаемый (*высокоуважаемый*)(*Иван Иванович*) —少用，带有古板的色

3

彩。
- Дорогой (*Иван Иванович*)——带有非正式的和亲昵的色彩，可以表示热情与亲近的关系，第一次书面交往时不能使用。
- Господин (*Иванов*)——具有正式色彩，但是没有善意语气，往往在与对方关系紧张时使用。
- Уважаемый (*глубокоуважаемый*) господин (*президент, директор и т.п.*)——与对方高层领导交际时使用，但是过于带有正式和尊重色彩。
- Уважаемые господа——把对方全体人员作为交际对象时使用。
- Уважаемые коллеги——与长期贸易伙伴交往时使用，具有热情和信任语气。

2. 商务信函总的语言特征与私函不同，使用商务信函的目的要求其以准确客观的态度表达语言内容，语言尽量保持中性语气，必须能够体现商务信函的礼貌、准确和客观的特征。商务信函在语言使用上要求词汇意义单一，使用的语言基本上没有情态色彩，不采用俗话、方言、感叹词、情态词以及含有评价色彩的实词。不使用讽刺、粗鲁或过分客气的言语。

3. 商务信函的语言是一种公文语言，其表达内容具有公务性质，交际场景、交际主题和交际规则相对固定，语言表达结构也相对固定，所以商务信函形成了系列惯用语。

1）商务信函正文开头部分的惯用语：

- Мы получили Ваше (ваше) письмо от…
- Благодарим за письмо от…
- Ваше письмо с приложением (указанием, просьбой о…) рассмотрено
- В ответ на Ваше (ваше) письмо от… (дата)
- В подтверждение нашего телефонного разговора… сообщаем, что…
- Ссылаясь на наше письмо от… сообщаем, что…
- Вновь ссылаясь на…
- Рады сообщить Вам (вам), что…
- К сожалению, вынуждены напомнить Вам (вам), что…
- В связи с нашим письмом от… и в подтверждение письма от…
- Примите наши извинения за…
- Мы с сожалением узнали из Вашего (вашего) письма от…, что…
- К сожалению, мы не можем удовлетворить Вашу (вашу) просьбу о…
- В дополнение к нашему письму от…
- Мы вынуждены напомнить Вам (вам), что…
- Имеем удовольствие предложить Вам (вам)…

2）商务信函正文结尾部分的惯用语：

- Мы рассчитываем на успешное продолжение нашего сотрудничества…
- Мы надеемся на Вашу (вашу) заинтересованность в расширении связей.
- Будем признательны за скорейший (быстрый) ответ.
- Рассчитываем на продолжение сотрудничества…

俄语商务信函概述（Характеристика коммерческой корреспонденции） 第1单元

- Передайте, пожалуйста, мои наилучшие пожелания успехов...
- Желаю благополучия Вам (вам) и процветания Вашей (вашей) фирме.
- Мы с интересом надеемся на продолжение совместных усилий.
- Приношу свои самые искренние уверения в надёжном сотрудничестве и партнёрстве (в дружбе...)...
- Мы очень рассчитываем на Ваш (ваш) ответ...
- Надеемся получить Ваш (ваш) ответ в ближайшем будущем.
- Просим сообщить нам, как можно скорее (в ближайшем будущем).
- По получении письма просим сообщить подтверждение.
- Ожидаем Вашего (вашего) согласия (одобрения, подтверждения, сотрудничества...)...
- Мы искренне надеемся, что представленное в настоящем письме предложение о сотрудничестве вызовет у Вас (вас) интерес...
- Полагаем, что теперь Вам (вам) стали лучше понятны наши доводы в пользу...
- Мы будем рады узнать Ваше (ваше) мнение по поводу изложенных выше предложений о деловом сотрудничестве и надеемся на получение от Вас (вас) ответа по существу данного вопроса...

3）商务信函结尾部分惯用称颂语：

- С уважением...
- Искренне Ваш...
- Наилучшие пожелания...
- С наилучшими пожеланиями...
- С дружеским приветом...
- С наилучшими пожеланиями и дружеским приветом...
- С искренним чувством уважения и признательности...
- Наши наилучшие пожелания г-ну (председателю фирмы...)
- Мой сердечный привет г-же (переводчику или секретарю...)
- Примите мои наилучшие пожелания...
- С искренним (глубоким) уважением...
- Желаю благополучия и процветания Вам (вам) и Вашей (вашей) фирме...
- Желаю успешного осуществления Ваших (ваших) планов и пожеланий.
- С самыми добрыми пожеланиями...

5

Задания:

1. Охарактеризуйте структуру коммерческих писем.
2. Скажите общую классификацию коммерческих писем.
3. Напишите адреса и вступительные обращения к письмам, отправляемым в Россию.
4. Какие вежливые формы обращения могут иметь коммерческие письма?
5. Скажите характерные обращения в коммерческом письме.
6. Назовите основные речевые клише для окончания коммерческого письма.
7. Назовите основные речевые клише в заключении коммерческого письма.

询盘函
(Письмо-запрос)

导语：
　　询盘函是一种寻求对方提供商品报价信息的商务信函，它一般要求收信方对信函内容作出答复。询盘函的内容主要涉及商品名称、数量、品质、价格、支付条件、供货期限、包装情况等内容。

Образец 1.

ЗАО «Масзеленсервис»
Россия, 115162, г. Москва, ул. Советская, 137/9
Тел.: 7 (495) 111-10-00
Факс: 7 (495) 111-11-00
http://www.maszel.ru/
15.12.2012

ООО «АвтоБел»
Генеральному директору
Е. В. Шишкину
Беларусь, 220019, Минск, ул. Лобанка, д.909, офис 86
Тел: 375 (17) 227-88-87
Факс: 375 (17) 228-88-88
E-mail: gnb@tut.by

Уважаемый господин Шишкин!
　　Мы весьма заинтересованы в приобретении партии автомобильных радиаторов, но мы бы хотели получить более подробную информацию о ценах на все радиаторы, имеющиеся у Вас в наличии. В связи с этим просим выслать прайс-лист на продукцию.
　　Выражаем надежду на долгосрочное сотрудничество. Заранее благодарны Вам за ответ.

С уважением
　　　　　Директор　　　　　　　　　　　　　　Е.И. Чижиков

参考译文（部分）：
尊敬的希什金先生：
　　我们想购买一批汽车散热器。但是，我们希望贵方给我们提供现存的所有散热器的更详细价格信息，所以请将产品的价格单发给我们。

我们希望双方长期合作，期待贵方的回复。
此致
敬礼

Образец 2.

ООО «Зюкли»	Компания «Цзянье»
Россия, 600960, г. Владимир,	Директору Фэн Мину
ул. Правая, 39	Китай, г. Шанхай,
Тел.: 7 (4922) 99-00-00	ул. Фуюлу, 301
Факс: 7 (4922) 99-00-52	
E-mail: yum@delo-ved.ru	
26.06.2012 № 04-18/658	

Уважаемый Фэн Мин!

  Мы получили Вашу брошюру, в которой представлены Ваши новые продукты. Некоторые из Ваших продуктов могли бы найти применение и в нашем производственном процессе.

  Мы были бы Вам признательны, если бы Вы направили нам более полные данные по всем товарам вместе с Вашим текущим прейскурантом цен с указанием условий поставки на экспорт за границу.

С уважением

   Директор   Е.В. Кузьмин

参考译文（部分）：
尊敬的冯明：
  贵方的新产品手册已经收到，其中的部分产品能够在我们的生产过程中使用。如果贵方能够提供更加全面的产品资料、价格表以及出口交货条件的信息，我们将不胜感激。
  此致
敬礼

Образец 3.

ЗАО «НМЖК»	Фирма «Заря»
Россия, 105064 г. Москва,	Генеральному директору
ул. Земляной вал, д. 9/3	господину Чжан Линь
Тел.: 7 (495) 960-00-00	Китай, 116000, г. Далянь,
Факс: 7 (495) 960-90-99	ул. Победа, 999

询盘函 (Письмо-запрос) 第2单元

Уважаемый господин Чжан!

Мы заинтересованы в 15000 тоннах китайской кукурузы для поставки в Россию.

Мы будем Вам признательны, если Вы сообщите Ваши самые низкие цены на условиях ФОБ китайский порт.

Искренне Ваш

Генеральный директор   И.Н. Герасенков

参考译文（部分）：
尊敬的张先生：
我们希望购买15000吨中国产的玉米提供给俄罗斯，如果贵方能够提供FOB中国港装运的最低价格，我们将不胜感激。
您真诚的朋友

Пояснения:

1. 如果俄语商务信函中的第二人称代词(вы)或物主代词(ваш)针对的是单独的一个人，为了表示尊重对方，则在商务信函中需要将其第一个字母大写，例如Прошу Вас...；如果针对的是两个或两个以上的人，则其第一个字母不必大写，例如Уважаемые господа, ваше письмо...。

2. 商务信函的语言要求简洁清晰，所有的商务信函在语言表达上均直接涉及主题，没有空洞啰嗦的语言内容，句子和段落简短，尽量使用简单句。除了主要信息以外，其他信息均在信函正文的附件中表达。

3. 由于具体的商务内容和交际个体等因素的差异，部分商务信函的语言特点也有所不同，现在俄语的某些商务信函中偶尔也会使用口语词汇，其目的是制造亲切随和的语言表达风格，这样有利于交际双方拉近相互之间的关系。

4. 询盘信函中的惯用语：

- Мы были бы рады, если бы Вы (вы) нам сообщили...
- Мы были бы признательны, получив Ваш (вы)...
- Мы будем благодарны, если Вы (вы) любезно вышлете нам...
- Мы интересуемся...
- Мы намерены закупить...
- Укажите цены (условия)...
- Ссылаясь на Вашу (вашу) рекламу в...
- Мы хотели бы получить информацию о...
- Обращаемся к Вам (вам) с просьбой сообщить (прислать...)...
- Были бы Вам (вам) (весьма) обязаны (признательны), если бы Вы (вы) сообщили нам...
- Прошу предоставить информацию...

- Прошу (просим) Вас (вас) выслать…
- Мы просили бы Вас (вас) направить (нам)…
- Не могли бы Вы (вы) сообщить…
- Мы хотели бы получить…

Упражнения и задания:

1. Прочитайте следующие фрагменты писем и отметьте точные ответы к ним.
Фрагмент 1.

> Уважаемые господа!
> Просим вас выслать в наш адрес предложение на поставку запасных частей в соответствии с прилагаемой спецификацией.
> В предложении просим указать полное наименование, тип, технические характеристики, материал (где это необходимо), цену и массу по каждой позиции спецификации, а также возможные сроки и общий объём поставки в кубических метрах.
> Просим также указать отдельно стоимость упаковки и транспортировки и условия платежа.
> Просим, по возможности, сообщить более точную дату высылки вашего предложения в наш адрес. В случае, если вы по каким-то причинам не сможете разработать предложение, мы будем признательны за ваше сообщение об этом в минимальный срок обратной почтой.
> При ответе просим ссылаться на наш номер.
> Заранее благодарим.

    1) Отправитель письма направляет получателю письма
        А. запрос.
        Б. предложение.
        В. решение.
        Г. номер документа.
    2) Отправитель письма просит информацию о(б)
        А. условиях поставки и платежа.
        Б. характеристике товара.
        В. спецификации.
        Г. адресе китайской фирмы.
    3) Отправитель письма ещё просит информации о
        А. виде упаковки.

Б. самом коротком сроке ответа.

В. номере телефона и факса российской фирмы.

Г. стоимости упаковки и маркировки товара.

Фрагмент 2.

> Уважаемый господин Григорьев!
>
> Торговое представительство России в Китае сообщило нам, что Вы являетесь единственным экспортёром икры и рыбных консервов из России. Наша компания занимается в течение многих лет продажей этих продуктов гостиницам и ресторанам в Китае. Мы интересуемся покупкой этих товаров непосредственно в России. Мы очень хотели бы установить с Вами деловые отношения, и, если бы Вы пожелали, наш директор господин Дон Бо был бы готов поехать в Москву, чтобы вести с Вами переговоры о покупке икры и рыбных консервов.
>
> Искренне Ваши

1) Отправитель письма занимается

   А. экспортом икры.

   Б. экспортом икры и рыбных консервов.

   В. импортом икры.

   Г. импортом икры и рыбных консервов.

2) Директор Дун Бо готов поехать в Москву, если

   А. представительство России в Китае сообщило ему о наименовании экспортёра искры и рыбных консервов.

   Б. отправитель письма хочет закупать искры и рыбные консервы.

   В. отправитель письма заинтересован в установлении деловых отношений с получателем.

   Г. получатель письма имеет желание установить деловые отношения с отправителем письма.

Фрагмент 3.

> Уважаемый г-н Чжан Литао!
>
> С удовольствием сообщаем Вам, что намерены купить у Вас большое количество стиральных машин в течение следующих двух месяцев.
>
> Сейчас мы определяем свои потребности и рассматриваем предложения из различных источников.

Просим Вас представить Ваши предложения на данный товар и сообщить об имеющемся в распоряжении количестве товара, а также примерное время поставки.

Со своей стороны мы приложим максимум усилий, чтобы разместить у Вас крупные заказы.

С нетерпением ждём Вашего быстрого ответа.

С уважением

1) Отправитель письма имеет намерение купить стиральные машины
   А. в будущем году.
   Б. после двух месяцев.
   В. через два месяца.
   Г. в ближайшее два месяца.
2) Отправитель письма просит, чтобы господин Чжан Литао
   А. изучил предложения из различных источников.
   Б. подтвердил возможность большого объёма поставки товара.
   В. приложил усилия для поставки товара.
   Г. сделал коммерческое предложение.

2. Переведите следующие предложения с русского языка на китайский.

1) По информации, представленной Торговой Палатой России, мы узнали, что вы производите на экспорт ткани, и хотели бы знать, на каких условиях вы работаете.
2) Мы будем благодарны, если сразу же, по получении данного запроса, вы пришлёте ваш прайс-лист на ваши автомобили.
3) Если вы можете гарантировать немедленную поставку и назначить действительно конкурентоспособные цены, мы бы могли разместить заказ у вашей фирмы.
4) Мы обратили внимание на ваш последний каталог, в котором описаны все запасные части для двигателей.
5) Мы были бы признательны вам, если бы вы назначали ваши лучшие цены и условия поставки и платежа.
6) Просим вас проинформировать о возможности поставки инструментальных стеллажей 500 комплектов в срок до 10 ноября 2014 г., а также сообщить об условиях платежа и поставки.
7) Необходимое для нас количество заказа будет сообщено дополнительно после получения цен.

8) Мы интересуемся вашим датчиком, который вы рекламируете, и будем рады, если вы пришлёте нам полную информацию.

3. Переведите следующие предложения с китайского языка на русский.
1) 根据我们达成的协议,现向贵方发出提供海产品的询盘。
2) 如果贵方能提供包装机械的产品目录及价格表,我们将不胜感激。
3) 我们希望贵方向我们提供由贵企业生产的自动调节器(регулятор)。
4) 请贵方提供你们产品更详细的技术性能信息。
5) 我想告知贵方,我们公司有意购买电子温度表。
6) 我们在展览会上见到了贵方的产品,我们想让贵方给我们报价。
7) 如果我们对贵方的价格满意,我们将定期订购贵方的产品。
8) 中国进出口公司有意在俄罗斯购买化肥。

4. Переведите следующие фрагменты писем с русского языка на китайский.
Фрагмент 1.

Уважаемые господа!

Наша фирма является одним из ведущих производителей стиральных машин. Учитывая производственные нужды, нам необходимо приобрести значительное количество электромоторов мощностью 300 ватт.

Мы хотели, чтобы вы предоставили нам коммерческое предложение на поставку таких моторов. Просим также указать стоимость транспортировки.

Ждём ваше подробное предложение.

С уважением

Фрагмент 2.

Уважаемые господа!

Несколько лет назад мы приобрели у вас партию малярных кистей трёх разных марок. Сообщите нам, пожалуйста, производите ли вы сейчас кисти этих марок, и каковы ваши минимальные цены на условиях СИФ порт Далянь. Поставка будет нам необходима в течение трёх недель после размещения заказа. В связи с тем, что дело срочное, будем благодарны за скорый ответ.

С уважением

Фрагмент 3.

Уважаемые господа!

На протяжении последних трёх лет наша фирма начала продажи различных зарубежных марок автомобилей и создала достаточно большой рынок сбыта для зарубежных производителей.

Нас заинтересовала ваша новая продукция, которая экспонировалась на международной выставке в Шанхае.

Просим прислать нам предложение на поставку ваших автомобилей.

Надеемся получить ваш ответ в ближайшее время.

С уважением

5. Переведите следующие фрагменты писем с китайского языка на русский.

Фрагмент 1.

尊敬的各位先生：
请提供60辆诺克牌自行车的报价，同时告知我们大约的供货期限。
我们对贵方发给我们的上一批货物非常满意，我们相信，贵方得到这个消息会感到很高兴。
此致
敬礼

Фрагмент 2.

尊敬的各位先生：
我们有意购买100台长福牌汽车。请贵方告知我们该产品的单价以及大量购买该产品时的折扣价格。
所报价格均应为FOB大连港的价格，同时请说明价格的有效期限。
您真诚的朋友

Фрагмент 3.

尊敬的蔡先生：
请告知我们，贵方能否制作1000份我们公司所需的广告宣传册。我们的具体要求将发至贵方的电子信箱中。请通过传真确认贵方是否同意接受我们的订单以

询盘函 (Письмо-запрос) 第2单元

及贵方要求的支付条件，传真号是007-495-1452364。
　　我们希望贵方能在下个月底之前交货。
　　此致
敬礼

6. Составьте письма по следующим требованиям.

　1) Составьте письмо-запрос китайской фирмы «Даляньтекстиль» в российскую фирму «ПВН» с просьбой дать подробный список экспортной продукции.

　2) Составьте письмо-запрос китайской компании «Пекинтрикотаж» российской фирме «Мосмаш» о поставке швейных машин.

　3) Составьте письмо-запрос в фирму «Мариб» (Москва, ул. Садовая, дом 10, тел...) с просьбой о поставке искусственного меха под названием «Полный восторг», который ваша фирма уже заказывала в прошлом году. Сообщите, что вам надо 10000 метров. Узнайте, осталась ли прежняя цена на мех и можете ли вы при необходимости дополнительно заказать ещё 2000 метров? Попросите сообщить о возможности поставки меха в том количестве, которое вам требуется, цену за метр и сроки поставки. Письмо составьте от лица генерального директора «Синда Лтд» Лин Син.

Слова и словосочетания

ЗАО (закрытое акционерное общество) 封闭式股份公司	в (чьём) распоряжении 在……管辖下；在……支配下；归……使用
ООО (общество с ограниченной ответственностью) 有限责任公司	заказ 订货单，订单
генеральный директор 总经理	Торговая Палата 商会
радиатор 散热器	каталог 产品样本
прайс-лист 报价单，价格单	двигатель 发动机
наличие 现有，现存	инструментальный стеллаж 工具架
брошюра 小册子，宣传手册	датчик 传感器
прейскурант 价目表	электромотор 电动机
ФОБ китайский порт 中国任意装运港船上交货，FOB中国港	мощность 功率
запасные части 备件	ватт 瓦特，瓦
условия платежа 支付条件	малярная кисть 油漆刷
кубический метр 立方米	СИФ порт Далянь 货物成本加上保险费和运费至大连港交货，CIF大连港
упаковка 包装	сбыт 销售
представительство 代表处	экспонироваться 展出

发盘函
(Письмо-предложение)

导语：
　　发盘函是准备以一定的条件同对方签订提供商品合同的信函。发盘函可以是对询盘函内容的回应，内容与询盘函的要点基本一致，可以是发出具体详细的信息，但有时发盘函中也可能是卖方或买方主动向有关各方发出的信息。发盘函有时并非包括所有交易条件，只是提出大体的信息，为进一步洽谈提供开端。同时，发盘函中往往还包括发盘的有效期。如果是首次向对方发盘，也可以介绍一下自己企业的有关情况，这种类型的发盘函类似于广告函。发盘函可以发给一个贸易伙伴，也可以同时发给多个贸易伙伴。

Образец 1.

ООО «Полюс»
103030, г. Москва,
ул. Окская, д. 109/2
Тел.: 7 (495) 368-84-64
Факс: 7 (495) 452-36-88
http://www.polius.ru
28 марта 2014 г. № 99257
О поставке продукции

Фирма «Минтан Лтд»
Генеральному директору
господину Сюй Минтану
100000, Пекин,
пр. Пинъань, д. 108/2
Тел.: 86 (10) 99-00-00-00
Факс: 86 (10) 99-00-00-01

Уважаемый господин Сюй Минтан!

　　В ответ на Ваше письмо от 5 января высылаем Вам наши последние каталоги с ценами. В этих каталогах имеется вся необходимая Вам информация о станке модели А-9, который Вам нужен, а также чертежи, благодаря которым Вы сможете судить о преимуществах нашего оборудования.

　　Предлагаем Вам эти станки по цене, указанной в каталоге, при Вашем подтверждении в течение 10 дней, начиная от даты отправления данного письма. В цену входят условия доставки СИФ порт Шанхай, включая упаковку. Если Вы хотите получить станки на условиях ФОБ порт Санкт-Петербург, мы готовы обсудить это с Вами.

发盘函（Письмо-предложение） 第3单元

Если наше предложение заинтересовало Вас, мы готовы встретить Вашего представителя в Москве и показать наши станки в действии.

Ждём скорого ответа.

С уважением
Заместитель генерального директора по маркетингу   В.Н. Степанов

参考译文（部分）：
尊敬的徐明堂先生：

现将我们注明价格的最新产品目录发送给贵方，以此作为对贵方1月5日来函的回复。我们的产品目录中有贵方所需的A-9型机床的全部必要信息以及图纸，贵方根据图纸就可以认定我们设备的优点。

如果自本函发出日期起的10日之内得到贵方的确认，我们将按照产品目录中规定的价格向贵方提供机床。价格是包含包装费在内的CIF上海港交货的价格。如果贵方希望采用FOB圣彼得堡交货的价格，我们也可以与贵方讨论这个问题。

如果贵方对我们的报价感兴趣，我们准备在莫斯科接待贵方的代表并向其演示我们的机床。

期待贵方的尽快回复。

此致

敬礼

Образец 2.

115004, г. Москва,	Химическая компания «Хунту»
ул. Выборгская, д. 99/9	КНР, 116000, г. Далянь,
Тел.: 7 (495) 910-01-70	ул. Победа, д. 588
Факс: 7 (495) 910-40-00	Тел. 86 (411) 98-00-00-11
E-mail: petrov@himtorg.ru	Факс: 86 (411) 98-00-11-11
О цене на парафин	Http://www.hongtu.cn

Уважаемые господа!

Благодарим вас за ваш запрос от 14 марта 2000 года.

Мы можем предложить вам 100 тонн парафина пищевого по цене 165 долл. США за метрическую тонну и 100 тонн парафина технического по цене 155 долл. США за метрическую тонну. Обе цены включают плату за доставку на условиях СИФ Шанхай. Доставка может быть осуществлена из Санкт-Петербургского порта в течение месяца после получения вашего заказа. Другие условия поставки будем обсуждать дополнительно.

Это предложение остаётся в силе в случае, если товар не будет продан до получения вашего ответа. Сообщите о вашем решении как можно раньше.

   С уважением
     Менеджер   И.А. Ремезков

参考译文（部分）：
尊敬的各位先生：
  感谢贵方2000年3月14日的询盘。我们可以分别按照165美元／吨和155美元／吨的价格提供食品级石蜡和工业级石蜡各100吨。上述两个价格均包括CIF上海港交货的运费价格。在收到贵方的订单之后，我们可以在一个月之内由圣彼得堡港将货物运抵上海，其他供货条件另行讨论。
  如果在收到贵方回复之前货物未被售出，本报价将仍然有效，所以请尽快告知贵方的决定。
此致
敬礼

Образец 3.

ООО «Торговый мир»
Россия, г. Москва,
ул. Яснополянская, Корп. 22   Белоруссия, г. Минск,
Телефон: 7 (495) 77-77-777;   ул. Филимонова, 62/02
Факс: 7 (495) 77-77-778   ООО «Вектор»
E-mail: decor@mail.ru   г-ну Степанову К.А.
О цене на диктофоны
Уважаемый господин Степанов!

  Мы благодарны Вам за получение запроса на диктофоны модели «560М» и рады предложить Вам получение новой партии диктофонов модели «560М» по цене 63$, включая упаковку. Диктофоны будут упакованы в контейнеры, пригодные для морских перевозок. Количество, размеры и масса ящиков подробно указаны в прилагаемой спецификации №30/45-84.

   С уважением
     Директор   О.В. Витебская

参考译文（部分）：
尊敬的斯捷潘诺夫先生：
  感谢贵方对56M型录音电话机发来的询盘并愉快地向贵方提供新一批的56M型录音电话机，每部电话机含包装在内的价格为63美元，电话机将使用适于海运的集装箱进行运输。包装箱的数量、规格和重量详见本函所附的№ 30/45−84明细单。

　　此致

敬礼

Пояснения:

　　1. 俄语商务信函的每一个段落只表达一个主题内容，这种方式可以更准确表达作者的思想，读者也能够更准确地理解语言内容。段落内部以及段落之间的各个句子最主要的衔接方式是采用重复与前句相关联的词或词组。此外，句子之间的衔接也采用表示关联语义的词或词组，例如согласно Вашей（вашей） просьбе、в результате этого等。

　　2. 现代俄语商务信函出现一种趋势，一般每个商务信函件中只表述一件事情，不允许有冗余信息，其目的是使内容更加清晰，以便加快有关方面对函件涉及的内容的处理速度。这样极大加强了语言表达的针对性和准确性，相应减少了函件中的段落数量。

　　3. 发盘信函中的惯用语：

- Предлагаем Вам (вам)…
- Мы рады предложить Вам (вам)…
- В ответ на Ваш (ваш) запрос от… предлагаем…
- Мы подтверждаем нашу договорённость и сообщаем, что можем поставить…
- Подтверждая получение Вашего (вашего) запроса, мы можем поставить Вам (вам)…
- Ссылаясь на предыдущие переговоры, мы могли (бы) отправить Вам (вам)…
- Компания … в связи с… представляет на Ваше (ваше) рассмотрение следующее предложение…
- …направляю Вам (вам)…
- …высылаю Вам (вам) перечень предложений…
- …мы с удовольствием предлагаем Вам (вам)…
- Наша компания имеет честь предложить Вам…
- Цена, включая стоимость экспортной (жёсткой, прочной, соответствующей, контейнерной…) упаковки в бочках (в коробках, мешках, ящиках…) составляет…
- Цена понимается на условиях ФОБ (СИФ…)…
- Общая стоимость всей партии составляет…
- Товар будет продаваться по рыночной (твёрдой…) цене.
- Товар поставляется (будет поставляться, будет поставлен, может быть поставлен, будет отгружаться, будет отгружён, может быть отгружён) равномерно по кварталам (в приемлемые для Вас <вас> сроки, в течение…, в январе…)…
- Поставка товара будет осуществляться (осуществлена, производиться,

произведена) равномерно по кварталам (в кратчайшие сроки, через... недели, ежемесячно равными партиями, равными месячными партиями, двумя равными партиями...).
- Срок поставки установлен по договорённости (согласно договорённости...).
- Мы уверены, что Вас (вас) заинтересует высокое качество продукции...
- В соответствии с ранее достигнутой договорённостью предлагаем Вам (вам) осуществить поставку...
- Исходя из результатов предварительных переговоров, мы могли бы предложить Вам (вам)...
- На Ваш (ваш) запрос сообщаем, что...

Упражнения и задания:

1. Прочитайте следующие фрагменты писем и отметьте точные ответы к ним.
Фрагмент 1.

Уважаемая госпожа Чжан!

Спасибо за интерес, проявленный Вами к нашему обращению. Рад сообщить Вам, что закрытое акционерное общество «Эмит» имеет честь предложить Вашему предприятию исключительно выгодный контракт на поставку сварочного оборудования КСО-10.

Указанное оборудование соответствует мировым стандартам качества и, по признанию авторитетных специалистов в данной области, является одним из самых эффективных при проведении сварочных работ повышенной сложности.

В настоящее время сварочное оборудование указанного типа (в различных модификациях) эффективно используется предприятиями 22 азиатских и европейских стран, в т.ч. Вашими коллегами из Китая.

Нам известно, что ранее Ваше предприятие проявляло интерес к приобретению оборудования подобного типа, однако, к глубокому сожалению, по независящим от нас причинам мы не смогли ответить на Ваш запрос положительно.

Сейчас наше предприятие располагает всем необходимым для того, чтобы предоставить в Ваше распоряжение необходимое количество сварочного оборудования указанного типа в любой, в том числе специальной, комплектации. Необходимая документация на оборудование и проект контракта на его поставку прилагаются. Мы были бы признательны Вам за возможно более скорый ответ по существу настоящего предложения.

Позвольте, госпожа Чжан, в связи с этим возобновить мои уверения в совершеннейшем к Вам почтении.

С уважением

1) Сварочное оборудование, предлагаемое ЗАО «Эмит» обладает
   А. своими качествами.
   Б. повышенной сложностью.
   В. авторитетом.
   Г. характеристиками на уровне мировых стандартов.
2) В настоящее время ЗАО «Эмит» имеет возможность поставить
   А. сварочное оборудование любого типа.
   Б. сварочное оборудование типа КСО-10.
   В. необходимую документацию для любого типа оборудования.
   Г. сварочное оборудование в различных модификациях всего мира.

Фрагмент 2.

Уважаемый г-н Лю Лу,
   Настоящим благодарим за Ваш запрос на сжиженные газы и готовы предложить ежемесячные поставки смеси пропан-бутановой, начиная с января 2015 г. В январе предлагаем согласовать цену 585 долл. США/т на условиях ФОБ Находка. Объём пробной партии считаем возможным определить после согласования предлагаемых условий.
   Условия оплаты: банковский перевод по факту предоставления отгрузочных документов (реестра цистерн с указанием № вагонов, ж/д накладных, веса отгрузки).
   В случае подтверждения цены просим сообщить требуемые количества.
   Дополнительную информацию можно получить у менеджера проекта Алексея Казакова.

   С уважением

1) Российская фирма может предложить газы
   А. ежемесячно до начала 2015 г.
   Б. в январе 2015 г.
   В. ежемесячно с января 2015 г.
   Г. только в 2015 г.
2) Количество поставки первой партии газов будет определено
   А. в январе 2015 г.
   Б. после подтверждения цены покупателем.
   В. после оплаты покупателем.
   Г. после согласования предлагаемых условий поставки.

Фрагмент 3.

Уважаемый господин Чжан!

Мне было очень приятно встретиться с Вами на прошлой неделе и обсудить возможное сотрудничество между нашими компаниями. Я думаю, что, если Вы закажете оборудование в нашей компании, Вы сможете оценить его качество и технические достоинства.

По результатам нашей беседы я подготовил прайс-лист на заинтересованное Вас оборудование. Вы сможете увидеть его в приложении к моему письму.

Чтобы сделать наше сотрудничество более выгодным для обеих сторон, предлагаю Вам оплату с отсрочкой в 20 дней.

Если мои предложения покажутся интересными для Вас, я предлагаю встретиться ещё раз и обсудить все детали более подробно. После этого мы сможем дать Вам окончательные цены на наше оборудование и приступить к подготовке контракта.

С уважением

1) Отправитель письма установил цены на оборудование
   А. во время встречи с представителями получателя письма.
   Б. после встречи с представителями получателя письма.
   В. после своей оценки качества и технических достоинств оборудования.
   Г. после получения заказа от получателя письма.
2) Отправитель письма предлагает отсрочить оплату на 20 дней после
   А. встречи представителей обеих сторон.
   Б. установления цен.
   В. подписания контракта.
   Г. поставки товара.

2. Переведите следующие предложения с русского языка на китайский.

1) В ответ на ваш запрос присылаем вам наше коммерческое предложение на поставку телефонных аппаратов.
2) Мы надеемся, что вас заинтересует наше предложение, и вы найдёте в лице нашей компании надёжного и постоянного поставщика арматуры.
3) Мы рады предложить вам качественную продукцию от российских производителей по доступным ценам.
4) Все указанные товары имеются в наличии и могут отгрузить незамедлительно по получении заказа.

发盘函 (Письмо-предложение) 第3单元

5) Наше предложение сохраняет силу только в том случае, если вы сделаете заказ в течение семи дней.
6) Благодарим вас за запрос от 18 сентября на поставку оборудования для вакуумной упаковки серии FT.
7) Мы своевременно получили вашу заявку и спешим выслать нашу оферту.
8) Подтверждаем получение вашего письма от 12 января с просьбой выслать наше предложение на машину для производства салфеток.

3. Переведите следующие предложения с китайского языка на русский.
   1) 我们每月可向贵方提供5台这样的机器。
   2) VCT有限责任公司可以同贵方签订为贵方提供700吨乙烯(этилен)的合同。
   3) 根据2013年11月9日与贵方会晤的结果，我们建议贵方采用以下条件购买荞麦。
   4) 我们很荣幸向贵方提供我公司生产的商品。
   5) 自收到本函之日起的30日内我们报价有效。
   6) 我们公司无法按照贵方的明细表向贵方提供电缆(кабель)，对此我们表示遗憾。
   7) 我们希望能够成为贵公司可靠的水果供应商。
   8) 现将包含包装费在内的吸尘器的价格告知贵方，以此作为对贵方询盘的回复。

4. Переведите следующие фрагменты писем с русского языка на китайский.
Фрагмент 1.

Уважаемые господа!
   Благодарим за ваш запрос от 19.03.2012, касающийся строительного дерева.
   Можем предложить 600 куб. м. сорта А по цене 200 американских долларов за куб. м. и 1200 куб. м. сорта Б по цене 120 американских долларов за куб. м. В обе цены включают стоимость доставки на условиях DAP Гродеково. Отгрузка может быть произведена из Хабаровска в течение трёх недель со дня получения вашего заказа. Условия оплаты: покупатель оплачивает 50% от стоимости товара в течение 5 банковских дней с даты подписания контракта, оставшиеся 50% от стоимости товара оплачивает в течение 15 дней после отгрузки дерева.
   Эта оферта действительна лишь в том случае, если товар ещё не будет продан по получении вашего ответа.

   С уважением

Фрагмент 2.

Уважаемые господа!

Ссылаясь на ваш запрос от 12 июня, мы рады подтвердить, что производим интересующие вас товары. Наш текущий прейскурант вышлем вам отдельной почтой. Обращаем ваше внимание, что цена понимается ФОБ порт Владивосток, срок поставки – в течение трёх месяцев с даты получения заказа. Условия оплаты – по договорённости.

Надеемся, что наше предложение заинтересует вас и приведёт к соответствующему заказу. Просим прислать ответ как можно скорее.

С уважением

Фрагмент 3.

Уважаемые дамы и господа!

Благодарим за ваш запрос от 16 марта этого года. Мы рады вашему интересу к нашим изделиям и посылаем вам запрошенное вами твёрдое предложение на 3 тыс. пар женских туфель модных расцветок марки «Ласточка».

По вашему желанию мы можем выслать вам авиационным грузом пробную партию запрошенных вами туфель этих расцветок.

Цена – 26 евро за одну пару. Цена понимается франко-вагон пограничная станция Суйфэньхэ, включая стоимость экспортной упаковки.

Упаковка: в коробках, по 100 коробок в деревянных ящиках.

Товар будет поставлен в течение трёх месяцев со дня получения заказа. Платёж должен производиться посредством безотзывного и подтверждённого аккредитива против отгрузочных документов.

Настоящее предложение действительно до 31 марта этого года.

Мы выражаем надежду, что наше предложение приемлемо для вас.

С уважением

发盘函 (Письмо-предложение) 第3单元

5. Переведите следующие фрагменты писем с китайского языка на русский.

Фрагмент 1.

> 尊敬的各位先生：
> 　　我们准备采用在莫斯科铁路肖基诺(Щёкино)车站货交承运人的条件(франко-перевозчик)，按照58美元/吨的价格向贵方提供贵方所需数量的甲醇(метанол)。
> 　　如果贵方对此报价感兴趣，请给我们发更详细的订单。
> 　　此致
>
> 敬礼

Фрагмент 2.

> 尊敬的各位先生：
> 　　感谢贵方2014年1月23日的询盘，现告知贵方，我们可以采用CIF中国大连港交货的条件向贵方提供2000吨铝锭。
> 　　品质：铝的含量不低于99.5%；
> 　　供货期限：2013年5—6月；
> 　　支付条件：100%预付。
> 　　本报价2014年2月10日前有效。
> 　　此致
>
> 敬礼

Фрагмент 3.

> 尊敬的各位先生：
> 　　作为对贵方2014年7月10日询盘的答复，我们可以按照2000美元/台的价格向贵方提供20台MF型机床，交货条件为中俄边境车上交货(франко-вагон)，交货期限为2014年10—11月期间。
> 　　请在自收到本函之日起的5个工作日内确认本报价。
> 　　此致
>
> 敬礼

6. Составьте письма по следующим требованиям.

1) Составьте письмо-предложение (оферту) ООО «Экопром» руководителю о поставке изделий из хрусталя.

25

2) Составьте твёрдую оферту на оборудование для добычи нефти, газа, переработку нефти, газа и др., адресуемое российскому партнёру.
3) Составьте твёрдую оферту на поставку китайкой компанией контрольно-измерительной аппаратуры российскому предприятию.
4) Составьте ответ на твёрдую оферту, представленную в предыдущем задании, с учётом дополнений (изменений).

Слова и словосочетания

станок 机床
представитель 代表
парафин 石蜡
модель 型号
оборудование 设备
метрическая тонна 公吨
диктофон 录音电话机
контейнер 集装箱
спецификация 明细单
сварочный 焊接用的
авторитетный 权威的
модификация 改型产品
пропан-бутановая смесь 丙烷与丁烷混合材料
пробная партия 试验的批量
отгрузочный документ 发运单据
реестр 清单
цистерн 油罐车

ж/д накладная (железнодорожная накладная) 铁路运单
отгрузка 发运
менеджер 经理
отсрочка 延期
арматура 钢筋
вакуумный 真空的
DAP Городеково 目的地格罗捷阔沃交货，DAP格罗捷阔沃交货
прейскурант 价格表
твёрдое предложение 实盘
франко-вагон 车上交货（价格）
безотзывный и подтверждённый аккредитив 不可撤销的保兑信用证
хрусталь 水晶玻璃
контрольно-измерительная аппаратура 检测仪
твёрдая оферта 实盘，明确不变的报价

回盘函
(Письмо-встречное предложение)

导语：
　　回盘函又称为还盘函或还价函，它是发函方对对方发盘函内容不全部接受所提出修改或变更的表达。回盘函的内容既可以有对发盘函内容的拒绝，还可以包括对发盘方的价格单、广告材料中提出的条件的修改要求。回盘函以报价为依据，在其中一般说明回盘方的相应条件，例如买卖商品的数量、价格等。

Образец 1.

ОАО «Инвесторг»　　　　　　　　　　　　　　　　　　«Шэньлун Лтд»
Россия, 390908 г. Липецк,　　　　　　　　　　　　　　　　Директору
ул. Советская, 1　　　　　　　　　　　　　　　　　　господину Вану
ОГРН 1234567891234
ИНН/КПП 5420000000
http://www.investorg.ru
Тел.: 7 (4742) 40-03-12
Факс: 7 (4742) 41-86-65
E-Mail: invecomp@gmail.com
Встречное предложение на оборудование
　　　　　　　　　　　　Уважаемый господин Ван!
　　Мы получили Ваше письмо с просьбой снизить цены на наше оборудование.
　　К сожалению, мы не можем удовлетворить Вашу просьбу. Наши цены в данный момент очень низкие. К тому же они включают стоимость упаковки, страховки и транспортировки до Пекина.
　　Мы установили низкие цены на продукцию высокого качества для того, чтобы внедрить наше оборудование на китайский рынок. Должны сообщить Вам, что в ближайшем будущем стоимость нашего оборудования повысится, так как постоянно растут цены на сырьё.
　　Сегодня мы предлагаем Вам цену по ныне действующему экспортному прайс-листу. Мы очень сожалеем, но, если Вы будете настаивать на своих ценах, мы будем вынуждены отклонить заказ.

　　С уважением
　　　Менеджер по продажи　　　　　　В. И. Уклонов

参考译文（部分）：
尊敬的王先生：

贵方要求我们设备降价的信已收到。

很遗憾，我们不能满足贵方的要求。现在我们的价格非常低，而且在价格中还包括包装费、保险费和至北京的运费。我们给质量很高的产品定价很低，其目的就是向中国市场推广我们的产品。我们应该告知贵方，由于原料价格一直在上涨，我们设备的价格很快就要上调。

今天我们按照现行的出口价目单向贵方报价。如果贵方坚持自己的价格，我们将被迫拒绝贵方的订单，对此我们将感到非常遗憾。

此致

敬礼

Образец 2.

ООО «Радуга»
194000, Санкт-Петербург,
пр. Невский, д. 666
Тел.: 7 (812) 336-66-66
Факс: 7 (812) 335-55-00
E-mail: office@raduga.ru
http://www.raduga.ru
12.03.2014 г.

Машиностроительная
фирма «Да Де»
Генеральному
директору Чжан Бо

О возможности снижения цены на контракт

Уважаемый Чжан Бо!

 Мы получили Ваше письмо от 10 января с.г. В письме Вы просите нас предоставить Вам скидку в размере 25% с цены, предложенной нами в проекте контракта на поставку запасных частей для Вашего оборудования. Мы принимаем во внимание причину, которую вы выдвигаете для этой просьбы.

 Мы готовы предоставить Вам специальную 25 %-ную скидку, при условии, что Вы закажете не менее, чем 100 комплектов запасных частей.

С уважением

Заместитель генерального директора   Л.К. Горошкова

参考译文（部分）：
尊敬的张波：

贵方今年1月10日的来信已收到，贵方在信中提出我们为贵方的设备提供备件问题，要求我们在合同草案中的价格下降25%，我们注意到贵方提出这个要求的原因。

我们准备专门给贵方降价25%，条件是贵方订购备件的数量在100套以上。

此致

敬礼

Образец 3.

Россия, 462353, Оренбургская обл., г. Новотроицк, Промышленная, 49
Телефон: 7 (3537) 62-22-23
Факс: 7 (3537) 62-22-22
E-mail: himzavod@gmail.ru

Директору
Далянской
нефтехимической
компании «Шэнлун»

Уважаемые господа,

    Благодарим вас за факс от 30 мая. Цена, которую вы указали в вашем факсе, к сожалению, слишком низкая. Мы сможем предложить ангидрит хромовый по цене 1000 долларов США/т. на условиях DAP Забайкальск, РФ.

    Отгрузку сможем произвести только в контейнерах. Срок отгрузки с завода: в течение семи дней с даты подписания контракта.

    С нетерпением ждём ответа и надеемся на долгосрочные деловые отношения.

С уважением

    Директор отдела   Л.К. Горошкова

参考译文（部分）：
尊敬的各位先生：
    感谢贵方5月30日发来的传真。贵方在传真中提出的价格过低，对此表示遗憾。我们能够按照DAP俄罗斯后贝加尔斯克1000美元/吨的价格提供铬酸酐。
    我们只能采用集装箱发运货物，从工厂发运货物的期限为自签订合同之日起的7天之内。
    急盼回复并期望建立长期的业务关系。
    此致
敬礼

Пояснения:

    1. 商务信函中经常使用数字，十以内的整数一般采用俄语单词表示，而不是采用阿拉伯数字表示。例如：Дефектных изделий должно быть не более трёх. 时间段也多采用类似的表示方法，例如：Испытания должны продолжаться два-три месяца。

    如果十以内整数和表示重量、体积等意义的单位连用，一般采用阿拉伯数字表达。例如：Требуется 3 кг муки.

    序数词和基数词的书写方法不同，序数词采用阿拉伯数字，而其词尾采用形容词，例如шероховатость поверхности по 3-му классу точности. 如果连续使用数个序数词时，只在其中的最后一个数字之后加上形容词的词尾。例如изделия 1, 2 и 3-го сорта。商务信函中还经常借助数字和表示计量单位的名词构成复合形容词。例如：20+процент→20-процентный这种复合形容词中的第二部分词干可以缩写。例如3-кг、12-мм。

2. 商务信函中一般只使用正式和规范的缩写词来表示企业、职务、计量单位和地理名称，而企业等机构名称的缩写方式比较多样，它一般可采用三种方式构成。第一种是采用每个单词的第一个字母构成缩写词，这个缩写词之间不需要用标点符号分开，例如ОАО；第二种是采用表示名称的部分的单词开头第一个音节构成，例如Уралмаш (Уральский машиностроительный завод);最后一种方法是混合方式，就是采用部分单词的第一个字母，同时采用部分单词的第一个音节构成。例如，ВНИИдормаш。

3. 回盘函中的惯用语：

- Сообщаем, что ввиду большого спроса на этот товар…
- Идя навстречу Вашим (вашим) пожеланиям…
- Мы с радостью дадим положительный ответ на Вашу (вашу) просьбу о скидках, если…
- К сожалению, мы не можем пойти на Ваши (ваши) условия оплаты, однако…
- Как давнему нашему партнёру Вам (вам), конечно, хорошо известно, что…
- Мы готовы учесть все Ваши (ваши) замечания…
- Учитывая Ваши (ваши) соображения по данному вопросу…
- Вас, наверное, заинтересует наше новое предложение…
- В ответ (Со ссылкой) на Ваше (ваше) письмо (запрос, заказ…) от… имеем честь (рады, с удовольствием…)…
- На Ваш (ваш) вопрос от … мы сообщаем Вам (вам), что…

Упражнения и задания:

1. Прочитайте следующие фрагменты писем и отметьте точные ответы к ним.
Фрагмент 1.

Уважаемые господа!

Во время визита вашего представителя г-на Вана в Москве в ноябре прошлого года мы вручили ему наши запросы на компрессорную установку.

Г-н Ван заверил нас, что ваша компания может предложить нам компрессорную установку с рабочими характеристиками, превосходящими продукцию других фирм, причём по конкурентным ценам.

Теперь мы получили ваше официальное предложение и, внимательно изучив его, с сожалением должны признать, что компрессорная установка, предлагаемая вами, не соответствует последним достижениям в данной области. Эффективность ее работы низка, и многие важные характеристики

回盘函 (Письмо-встречное предложение) 第4单元

уступают характеристикам других подобных машин, предложенных нам.

Однако, учитывая сегодняшний телефонный разговор с г-ном Ваном, в котором он заявил, что ваша фирма очень заинтересована в получении заказа, мы предлагаем вам снизить цену и пересмотреть другие условия и как можно скорее прислать нам новое предложение.

Искренне Ваши

1) Покупатель из России дал запросы на компрессорную установку, потому что
   А. господин Ван хорошо знает покупателя.
   Б. поставщик постоянно поставляет покупателю компрессорную установку.
   В. господин Ван велел дать запросы поставщику.
   Г. у этого поставщика самая качественная компрессорная установка.

2) Покупатель просит поставщика заново прислать предложение, потому что
   А. господин Ван убедил покупателю.
   Б. качество компрессорной установки у поставщика значительно улучшилось.
   В. покупателя только интересует продукция этого единственного поставщика.
   Г. поставщик снизил цену на компрессорную установку.

Фрагмент 2.

Уважаемый Дмитрий Сергеевич!

Благодарю Вас за интерес, проявленный к нашей фирме и выпускаемой нами продукции.

Рассматривая ОАО «Каскад» как постоянного и надёжного партнёра, специалисты нашей фирмы со всей ответственностью подошли к изучению Вашего предложения. Результаты проведённых нами исследований позволяют достаточно уверенно констатировать: реализация проекта сотрудничества с Вами имеет серьёзные коммерческие перспективы.

К моему большому сожалению, мы не сможем начать поставки продукции до июля 2014 года, поскольку до этого срока связаны определенными договорными обязательствами.

Очень рассчитываю на Ваше понимание данной ситуации и надеюсь, что мы сможем вернуться к продолжению диалога.

С уважением

1) ОАО «Каскад» представляет собой

    А. поставщика.

    Б. покупателя.

    В. продавца.

    Г. производителя.

2) Отправитель письма отказался от просьбы ОАО «Каскад» из-за того, что он

    А. не заинтересован в сотрудничестве с ОАО «Каскад».

    Б. плохо знает ОАО «Каскад».

    В. не получил результаты исследований от своих сотрудников.

    Г. не хочет нарушить другие договоры.

Фрагмент 3.

> Уважаемый г-н Орлов!
>
> Прежде всего, позвольте поблагодарить Вас за интерес к нашей фирме. Мы внимательно рассмотрели информацию о предлагаемой Вами продукции и провели предварительное изучение потребностей нашего рынка в подобных товарах. Мы могли бы взять на себя функции по распространению Вашей продукции (позиции 1-20 Вашего каталога).
>
> Помимо этого, у нас имеется ещё и предложение иного рода. В рамках развития нашего сотрудничества не могли бы Вы, например, рассмотреть возможность распространения нашей продукции, отвечающей мировым стандартам качества, о которой говорилось ранее. Мы готовы начать переговоры в этом направлении и обсудить все возможные варианты.
>
> Будем признательны за все замечания и предложения, которые Вы сочтёте необходимым высказать в ответ на наши инициативы.
>
> С уважением

Отправитель письма думает, что его сторона имеет возможность продать продукцию для получателя письма, потому что

    А. между ними был подписан договор сотрудничества.

    Б. получатель письма попросил, чтобы отправитель письма ему помогал.

    В. друзья предлагали ему продавать подобные товары.

    Г. у него на рынке существуют потребности в подобных товарах.

2. Переведите следующие предложения с русского языка на китайский.

1) Стоимость оборудования устанавливается в евро и принимается на условиях поставки СИФ Далянь, включая упаковку и маркировку.

2) Для более детальной работы сообщите ваши приемлемые цены на выше перечисленную продукцию.

3) Принимая во внимание наше длительное сотрудничество, сообщаем, что товар будет поставлен вам со скидкой в 5%.

4) Просим ещё раз рассмотреть возможность поставить нам анальгин в количестве 27 тонн по цене 10,05 долл. США/kg на условиях DAP Маньчжурия.

5) Можно вычесть 2,5% из указанной суммы, если платёж будет сделан немедленно, в течение 30 дней.

6) Мы надеемся, вы предоставите специальную скидку за большой заказ.

7) Мы не можем выслать предложение на поставку мотоблоков «Гальдони» в количестве 100 шт., так как сборочный цех остановлен на три месяца на ремонт и реконструкцию.

8) Считаем необходимым поставить вас в известность, что мы не в состоянии выполнить ваш заказ в срок.

3. Переведите следующие предложения с китайского языка на русский.

1）贵方提出的价格我们不能完全接受。
2）如果贵方能提出真正有竞争力的价格，我们可以在贵公司订货。
3）葡萄的价格上涨以后，葡萄汁的价格大幅提高了。
4）如果贵方能订购300件以上产品，我们将根据数量给贵方降价。
5）如果贵方降价15%，我们准备向贵方购买500米布匹。
6）尽管这种商品的价格在去年有所上涨，但现货未完全销售之前，我们不会上调价格。
7）我们的价格为机场交货(франко-аэропорт)价格，其中包括出口包装费用。
8）现告知贵方，我们能给贵方提供500台电热水器(водонагреватель)。

4. Переведите следующие фрагменты писем с русского языка на китайский.

Фрагмент 1.

Уважаемые господа!
    Благодарим за ваше предложение от 14.11.2013 относительно поставки монохлорбензола, но, к сожалению, предлагаемая вами цена очень занижена и является для нас же убыточной.
    На условиях DAP Маньчжурия наша цены составляет 550 долл. США/т.
    Просим сообщить о вашем решении.

С уважением

Фрагмент 2.

Уважаемый господин Ан!

Ваше предложение на лимонную кислоту не интересно по цене 1470 долл. США/т на условиях DAP Маньчжурия. Нас интересует цена 1480 долл. США/т с доставкой в Пермь или 1440 долл. США/т с доставкой в Маньчжурию.

Готовы принимать товар в контейнерах.

Объём поставки до 500 т в месяц.

С уважением

Фрагмент 3.

Уважаемые господа!

Благодарим вас за ваше предложение на рыбную муку. Однако мы находим, что цена, которую вы установили, не приемлема для нас.

Если вы скорректируете ваши цены, снизив её на 5 %, мы были бы рады заказать данный товар в количестве 500 тонн.

Просим сообщить, согласны ли вы с нашим предложением.

С уважением

5. Переведите следующие фрагменты писем с китайского языка на русский.

Фрагмент 1.

尊敬的各位先生：

感谢贵方对追加提供变压器(трансформатор)的报价，但我们认为贵方所提供的价格过高。此外，支付条件我们也不能接受，对此感到遗憾。如贵方对此能做出相应修改，我们准备重新讨论这个问题。

此致

敬礼

回盘函 (Письмо-встречное предложение) 第4单元

Фрагмент 2.

尊敬的张先生：
　　我们确认收到贵方对汽车零部件的供货报价，对此表示感谢。经过研究贵方的报价，我们认为，贵方的报价偏高，因此请贵方降低价格。
　　如果贵方同意重新讨论价格，我们准备研究贵方的新报价。
　　期待回复。
　　此致
敬礼

Фрагмент 3.

尊敬的各位先生：
　　感谢贵方于2012年9月19日对建筑材料的报价。很遗憾，目前我们不能采用贵方的报价。若有在贵公司订购建筑材料的需求，我们一定立即联系贵方。
　　此致
敬礼

6. Составьте письма по следующим требованиям.
   1) Составьте ответ на запрос от имени менеджера отдела продаж китайской фирмы «Син Да ЛТД» Лин Син российской фирме «Мариб» Д.П. Уютову о возможности поставки искусственного меха.
   2) Составьте ответ на запрос от имени китайской фирмы «Оксиль» предприятию ЗАО «Новосибирскавтодор» о возможности продажи современных гидравлических кранов. Цена крана 5500 долл. США.
   3) Вы - начальник отдела снабжения магазина «Детский мир» и пишете письмо в компанию, изготавливающую куклы «Марко», для того, чтобы заказать 1000 кукол по цене 15$ и 1500 плюшевых мишек по 7$. Вам нужно, чтобы эти товары были доставлены за две недели до Нового года.

Слова и словосочетания

удовлетворить 使满足	внедрить 推广
страховка 保险费	настаивать 坚持

35

отклонить 拒绝	анальгин 安乃近
проект контракта 合同草案	мотоблок 发动机组
комплект （一）套	сборочный цех 装配车间
запасные части 备件	реконструкция 改造
хромовый ангидрит 铬酸酐	монохлорбензол 氯化苯，一氯化苯
компрессорная установка 压缩机组	ОВЭС (отдел внешнеэкономических связей) 对外经济联络处
заверить 保证（说）	лимонная кислота 柠檬酸
превосходить 超过	рыбная мука 鱼粉
эффективность 效率	скорректировать 修正，校准
констатировать 断定	плюшевый 长毛绒的
инициатива 提议，倡议	
маркировка 唛头，标志	

确认订货函
(Письмо-подтверждение заказа)

导语：
　　在确认订货函中，订货方需要说明订货的依据，一般要明确重复以前往来信函或其他材料中提出的订货的基本条件，例如供货条件、价格、供货期限、数量和结算方式等。在订货确认函中供货方也需要相应重复对方提出的条件，并表示接受对方提出的订货条件。

Образец 1.

ОАО «Эклер» Россия, Москва, ул. Ленина, 222 http://www.ekler.ru	Ляонинская компания «Тунли Лтд» Заместителю генерального директора г-ну Ли

Уважаемый господин Ли!
　　Ссылаясь на наш телефонный разговор сегодня, мы делаем нижеследующий заказ:
　　Поддоны (1140x1140 мм) - 300 шт. по цене 10 долл. США/шт., включая стоимость упаковки и маркировки, с поставкой франко-вагон российско-китайской границы.
　　Поставка должна быть выполнена в течение оговоренного между нами срока.

С уважением
　　　　Менеджер отдела продажи　　　　　　　Д.В. Вендров

参考译文（部分）：
尊敬的李先生：
　　根据我们今天电话交谈内容的要求，现向贵方发出订单，具体如下：托盘

（1140×1140mm）共300个，每个10美元（其中包括包装和唛头的费用），中俄边境铁路车上交货。

供货应在我们商定的期限内进行。

此致

敬礼

Образец 2.

ЗАО «СибКондитер»
Россия, 664000, г. Иркутск ул. Академическая, 99/9
Тел.: 7 (3952) 42-01-75
Факс: 7 (3952) 42-01-47
sibkon@inbox.ru

Директору
Компании «Южсахар»
Китай, г. Шэньчжэнь, район Баоань, ул. Юнхэ, д.66/99

Уважаемый господин Юй,

Настоящим письмом подтверждаем наше согласие на закупку у Вас сахара-песка на следующих условиях:

Количество - 100 тонн.

Качество - соответствующее требованиям международных стандартов.

Упаковка - п/э мешки весом 50 кг.

Условия поставки - товар будет поставлен на условиях СИФ Санкт-Петербург.

Цена - 1100 долл. США за тонну.

Срок погрузки - в течение семи дней с момента представления платёжного поручения.

С уважением

Директор ЗАО «СибКондитер»   Д.Е. Юхновская

参考译文（部分）：

尊敬的于先生：

现通过本函确认我们同意采用以下条件向贵方购买砂糖：数量为100吨，商品的品质应该符合国际标准的要求，采用50公斤的聚乙烯袋包装，供货条件为CIF圣彼得堡港交货，价格是1100美元/吨，装运期要求是自出示付款委托书之日起的7天之内。

此致

敬礼

Образец 3.

ЗАО «Экспотех» Директору отдела Хэ
Россия, 103000, Москва Компании «Лайфу Лтд»
Тел/факс: 7(495)261-30-57 Китай, г. Далянь,
E-mail: expo@com.ru пр. Народ, 95/2
23.03.2014 № 125/Р-05

Уважаемый господин Хэ!

С благодарностью подтверждаем получение Вашего твёрдого предложения от 20 апреля 2014 года на 2 тыс. пар женских туфель марки «Ласточка». Заказываем упомянутые изделия на условиях, указанных в Вашем предложении. Спецификацию запрошенной партии по различным размерам и расцветкам высылаю Вам дополнительно.

Просим подтвердить получение заказа.

С уважением

   Директор   И.А. Антонов

参考译文（部分）：
尊敬的贺先生：
  我们确认收到贵方于2014年4月20日发来的2000双燕子牌女鞋的实盘，同时向贵方表示感谢。我们采用贵方报价中提出的条件订购该产品，所需批次的各种规格和花色的明细单将另行发给你们，请确认收到我们的订单。
  此致
敬礼

Пояснения:

1. 俄语商务函中经常使用表示原因或行为依据的前置词，而由于商务信函是一种正式的书面语，在这类前置词中尤其以实词派生的前置词居多，其中主要有：в целях (чего)、ввиду (чего)、в связи с (чем)、в соответствии с (чем)、согласно (чему)等。

2. 确认订货函中的惯用语：

- Подтверждаем свою готовность заключить сделку на...
- Принимаем Ваше (ваше) предложение на...
- Данным письмом мы подтверждаем Ваш (ваш) заказ от...
- Мы благодарим Вас (вас) за Ваш заказ, который мы подтверждаем...
- Таким образом, мы заказываем...
- Мы рады сделать заказ с Вашей (вашей) компании для...
- Мы подтверждаем получение Вашего (вашего) письма от...
- Настоящим письмом подтверждается...

- С благодарностью (удовольствием) подтверждаем...
- Подтверждаем получение Вашего (вашего) заказа...
- Мы рады разместить заказ в Вашей (вашей) компании для...
- Ваше предложение на... было получено..., и мы с удовольствием прилагаем наш заказ № ..., содержащий наши требования.
- Благодарим Вас (вас) за сделанное предложение и сообщаем о готовности заключить сделку на...
- В подтверждение нашей предварительной договорённости (телефонного разговора, факса...) сообщаем...
- Мы принимаем условия, предложенные в Вашем (вашем) письме от...
- Настоящее предложение просим подтвердить письмом (незамедлительно...)...
- Мы будем благодарны (признательны, обязаны) Вам (вам), если Вы (вы) представите (пошлёте, вышлете, дадите, пришлёте) нам подтверждение нашего предложения (письмом, электронной почтой) не позднее ... (в течение... дней с даты, со дня получения...)...

Упражнения и задания:

1. Прочитайте следующие фрагменты писем и отметьте точные ответы к ним.
Фрагмент 1.

> Уважаемые господа!
>
> Ссылаясь на ваше письмо от 25 марта 2014 г., подтверждаем поставку монтажных кранов на следующих условиях:
>
> Предмет заказа: 18 монтажных кранов марки «Силач», согласно техническим данным каталога на 2014 г.
>
> Цена: 125000 (сто двадцать пять тысяч) евро за один кран. Цена понимается франко-вагон на российско-китайской границе. Общая стоимость всей партии - евро 2250000 (два миллиона двести пятьдесят тысяч).
>
> Сроки поставки: краны должны быть поставлены в течение III квартала 2014 г. приблизительно равными месячными партиями.
>
> Условия платежа: платёж производится посредством безотзывного и подтверждённого аккредитива против счёта и транспортных документов.
>
> С уважением

Отправитель письма даёт подтверждение получателю письма о поставке кранов на основе

А. технических данных каталога своих продуктов.

Б. письма от 25 марта 2014 г.

В. условий поставки кранов.

Г. транспортных документов.

Фрагмент 2.

> Уважаемый г-н Петров!
>
> Подтверждаем, что Ваш заказ № 18/13 от 2013.04.06 на рабочий верстак ВМ-655 получен. Верстак будет отгружён в течение 48 часов с момента получения предоплаты на счёт нашей компании.
>
> Мы уверены, что Вы будете довольны верстаком, как и другие наши покупатели. К верстаку прилагается подробная инструкция по эксплуатации. Если же у Вас возникнут вопросы, специалисты службы технической поддержки будут рады Вам помочь.
>
> Если Вас заинтересуют другие ручные или электрические инструменты, прилагаемый каталог познакомит Вас с полным ассортиментом наших товаров.
>
> Используйте прилагаемый бланк для размещения Вашего следующего заказа. Мы надеемся, что сможем оказывать Вам услуги и впредь.
>
> С уважением

Товар по заказу № 18/13 будет поставлен

А. сразу после размещения заказа.

Б. в течение 2 рабочих дней с момента выписки счёта.

В. в течение 2 дней после перевода денежных средств на счёт продавца.

Г. после ознакомления с полным ассортиментом товаров продавца.

Фрагмент 3.

> Уважаемые господа!
>
> Благодарим вас за пересмотренные цены и образцы пшеницы, которые вы нам прислали. Мы убеждены, что ваша пшеница удовлетворит нашим требованиям.
>
> Поэтому мы размещаем пробный заказ на 50000 тонн по образцу № 16. К письму прилагаем официальный бланк заказа на данный товар. Заказ предусматривает счёт-проформу, которая должна включать все сведения относительно скидок.
>
> Этот заказ действителен при условии поставки до 15 декабря. Поэтому мы оставляем за собой право аннулировать заказ и вернуть данную партию товара под вашу ответственность и за ваш счёт в любое время после этой даты.
>
> С уважением

1) Покупатель решил сделать свой первый заказ на основе

    А. предварительного заказа.

    Б. предыдущего заказа.

    В. счёт-проформы.

    Г. удовлетворения его всем требованиям.

2) Покупатель заявляет, что при нарушении продавцом срока поставки пшеницы покупатель имеет право

    А. прекратить выполнение последующего заказа.

    Б. вернуть товар за свой счёт.

    В. аннулировать заказ под свою ответственность.

    Г. отменить заказ.

2. Переведите следующие предложения с русского языка на китайский.

1) С благодарностью подтверждаем получение вашей оферты, условия которой в целом нас устраивают.

2) Благодарим вас за предложение от 25.11.2012 на каменоугольный бензол и рады его принять.

3) Мы уверены, что пробный заказ полностью удовлетворит вашим требованиям.

4) С благодарностью подтверждаем получение вашего заказа и приступаем к его выполнению.

5) Мы были рады получить от вас такой выгодный заказ после перерыва, который нам показался слишком длительным.

6) В подтверждение к нашему телефонному разговору от 18 января мы с удовольствием прилагаем наш официальный заказ.

7) Мы получили ваш заказ от 16 ноября 2013 года на товар, список которого прилагается к письму.

8) ООО «Довира» выражает свою готовность к подписанию контракта на поставку мобильных телефонов.

3. Переведите следующие предложения с китайского языка на русский.
汉译俄

1）现确认接受贵方的供货条件。

2）请将这封信视为我们正式的订单。

3）我们很高兴地确认准备履行上面提到的订单。

4）现确认按照贵方信中提出的价格提供衬衫。

5）我们希望这个订单能成为互利合作的开端。

6）感谢贵方2013年5月21日订购100辆山地自行车(внедорожный велосипед)的订单。

7）我们在此信中确认我们今天早晨通过电话提出的报价。

8）现在我们确认同意采用以前达成的条件向贵方订购建材。

确认订货函 (Письмо-подтверждение заказа) 第5单元

4. Переведите следующие фрагменты писем с русского языка на китайский.

Фрагмент 1.

Уважаемый Ван Юе!

Подтверждаем поставку в октябре 2013 года полиэтилена высокого давления марки 10803-020 по цене 930 долл. США/т. на условиях DAP Забайкальск.

Условия оплаты -100%-ная предоплата.

Количество поставки - 1000 тонн.

Проект контракта будет представлен дополнительно.

Надеемся на дальнейшие заказы в будущем.

С уважением

Фрагмент 2.

Уважаемый г-н Дейвис!

Всегда приятно получить письмо от доброго старого друга. Хотим сказать Вам, что мы очень ценим наши многолетние отношения.

Спасибо Вам за заказ и будьте уверены, что товар будет отправлен на следующей неделе, как обычно.

Надеемся, что за этим заказом последуют ещё много других, и мы всегда будем стараться поддержать наши дружеские отношения с Вами.

Искренне Ваш

Фрагмент 3.

Уважаемые господа!

С удовольствием вам сообщаем, что мы были очень рады получить ваш заказ, потому что он представляет собой нашу с вами первую деловую связь. Приветствуем ваш бизнес! Теперь, когда мы начали, мы уверены, что наше первое дело повлечё за собой долгое и удачное сотрудничество. Вы убедитесь, что мы приложим все усилия, чтобы угодить вам.

Спасибо вам за великодушное доверие.

С уважением

5. Переведите следующие фрагменты писем с китайского языка на русский.

Фрагмент 1.

尊敬的各位先生：
　　感谢贵方的报价，我们准备向贵方订购500吨苹果，价格为650美元/吨，交货条件为FOB大连港，我们期待下个月供货。
　　如果供货令人满意，我们将继续订货。
　　此致
　　敬礼

Фрагмент 2.

尊敬的各位先生：
　　感谢贵方3月14日的来信，贵方在信中提出以10美元/个的价格向我们提供文件包。我们接受贵方的价格以及你们在信中提出的所有其他条件。
　　我们将于明天把合同发送给贵方。
　　你们真诚的朋友

Фрагмент 3.

尊敬的各位先生：
　　我们收到贵方于2012年12月20日的订单，现确认提供300套设备的备件，供货期限为2013年3月底之前，支付条件为100%预付款。
　　此致
　　敬礼

6. Составьте письма по следующим требованиям.

1) Составьте письмо-подтверждение от имени ООО «Малтаск» о возможности выполнить заказ на поставку нагревателя.
2) Составьте письмо-подтверждение с целью подтверждения о получении заказа.
3) Составьте письмо-заказ на продукцию китайской компании (пищевых продуктов, электронных приборов и т.д.). Составьте ответ на него.

确认订货函 (Письмо-подтверждение заказа) 第5单元

Слова и словосочетания

поддон 托盘
сахар-песок 砂糖
п/э (полиэтиленовый) 聚乙烯的
расцветка 花色
монтажный кран 安装用起重机
транспортный документ 运输单据
верстак 工作台，试验台
инструкция по эксплуатации 操作指南

счёт-проформа 形式发票
знаменовать 标志
каменноугольный бензол 煤苯，炼焦油苯
полиэтилен высокого давления 高压聚乙烯
угодить 使满意

样品与商品品质函
(Письмо об образце и качестве товара)

导语：
　　商品的品质是商品内在质量和外观形态的综合说明；商品的样品是能够代表整批商品品质的少量实物。在商品买卖活动中，尤其是在国际贸易过程中，经常需要凭商品的样品来规定商品品质和外观形态。样品一般从需要成交的商品中随机选出，或者由商品生产或订购企业专门设计或制作。关于样品与商品品质的俄语商务信函一般包括发函方希望收函方提供样品的明确表示、要求样品或商品的品质应该达到或符合某种标准的说明等方面的内容。

Образец 1.

ЗАО «Импульс»　　　　　　　　　　　Генеральному директору
Россия, 117244, Москва, ул. Огородная, д. 4　　г-же Юй Сяопин
тел.: 7 (495) 141-80-41　　　　　　　Компании «Даляньстройторг»
факс: 7 (495) 141- 80-42
ОКПО 12345678
№ 01-03-16
20.01.2014

Уважаемая госпожа Юй Сяопин!
　　Благодарим за каталоги новых строительных материалов, ряд которых представляет для нас интерес.
　　Мы просили бы Вас выслать нам образцы артикулов товаров А136 и А137 для более детального их изучения. Это даст нам возможность принять решение о размещении дополнительного заказа.

С уважением
　　　Директор　　　　　　　　　А.А. Петров

参考译文（部分）：
尊敬的于晓萍女士：
　　感谢贵方提供的新的建筑材料目录，我们对其中的许多商品感兴趣。

请贵方将A136号和A137号商品的样品寄给我们，以便我们对其进行更详细研究，这样能够为我们决定追加订货提供帮助。
　　此致
敬礼

Образец 2.

Корпорация «Прогресс»	Директору Ван Ли
113114, Москва, ул. Огородная, 10	Компании «Старт»
http://www.progress.ru	Китай, г. Харбин, пр.
20.03.2014	Чжуцзян, д. 90/6

О поставке образца товара
Уважаемые господа!

　　Мы заинтересованы в корне валерианы. Просим отправить нам его образцы в количестве 0,5–1 кг.
　　Срок поставки для нас установлен в течение девяти дней.
　　Ваши расходы, связанные со стоимостью образцов и доставкой их в Москву, будут оплачены. Необходимо приложить к образцам сертификат качества и гигиенический (санитарный) сертификат. Если результаты анализа образцов будут положительными, то мы можем заключить с вами долгосрочный контракт.

С уважением
　　Директор　　　　　　　　　　　　　　А.П. Иванов

参考译文（部分）：
尊敬的各位先生：
　　我们对缬草根感兴趣，请给我们提供0.5—1公斤样品。我们需于9日内提供样品。
　　贵方的样品费和邮寄至莫斯科的费用均由我们承担，请务必附上样品的品质证书和卫生证书。若对样品分析结果感到满意，我们可能同贵方签订长期合同。
　　此致
敬礼

Образец 3.

ЗАО «Строй-таун»	Генеральному директору
Россия, 103031, Москва,	Ду Вэнли
Некрасовская ул., д. 8/10,	Далянской компании «Чжишэн»
Тел.: 7 (495) 325-91-21,	

47

факс: 7 (495) 321-99-33
E-mail: stroy@mtu-net.ru
№ 02-13/56
28.02.2013

Уважаемый г-н Ду!

Мы получили последнюю партию строительных материалов по контракту №1201. Работа в рамках этого большого проекта завершена. Уже сейчас можно уверенно сказать, что мы полностью удовлетворены качеством полученных товаров.

Кроме того, в процессе реализации товаров мы ещё раз убедились, что соотношение цены и качества также соответствует потребностям российского рынка, поэтому уже сейчас мы планируем повторить данный проект, сделав необходимые корректировки в объёмах заказа по каждой позиции отдельно.

Ещё раз благодарим Вас за сотрудничество и надеемся на продолжение совместной работы.

С уважением

Директор   Ю.Н. Давыдов

参考译文（部分）：
尊敬的杜先生：
　　我们已收到第1201合同项下的最后一批建筑材料，该项合同的执行工作已经全部结束。现在可以明确地说，我们对到货的质量完全满意。
　　不仅如此，在销售货物的过程中我们认识到，价格和质量也符合俄罗斯市场的需求。因此，在对个别品种的商品订购数量进行调整以后，我们计划就购买建材一事再次进行合作。
　　再次感谢贵方给予的合作，同时希望我们继续进行合作。
　　此致
敬礼

Пояснения:

1. 俄语商务信函中行为主体可以采用第一人称单数、第一人称复数和第三人称单数进行表述。由于商务信函中表述的内容通常是代表企业行为，使用复数第一人称形式多于单数第一人称形式。例如，просим направить、направляем на рассмотрение。即使使用单数第一人称，也不出现人称代词"я"，而是直接用动词的变位形式体现，例如用прошу代替я прошу。再如，считаю необходимым、прошу выделить。此外行为的主体也用单数第三人称形式，例如наша сторона не возражает、российская фирма ждёт вашего ответа。

2. 俄语商务信函中经常使用рассмотрев、изучив等完成体动词的副动词构成的短语，如Внимательно рассмотрев Ваши (ваши) предложения...、Тщательно изучив Ваши (ваши) замечания...等，这种副动词短语具有加强对收信人尊重的语义；商务信函中还使用учитывая、рассматривая等未完成体动词的副动词构成的短语，如учитывая наши деловые связи、рассматривая Вас (вас) как нашего партнёра等，这种副动词短语一般表示原因语义。

3. 俄语商务信函中采用большинство、меньшинство、множество、ряд、часть、много、немало、несколько、количество、число、не меньше чем等表达方式作句子的主语时，句子中的谓语采用单数第三人称表达。

4. 商品品质函中的惯用语：

- Качество соответствует (отвечает, будет отвечать) Вашим (вашим) требованиям (стандартам, образцам...).
- Товар будет обычного торгового качества (высшего качества, надлежащего качества, первого сорта, нормативного качества, высокого качества, наилучшего качества).
- ...качество, соответствующее требованиям...
- ...качество, удовлетворяющее техническим условиям на...
- Качество продукции в основном отвечает качеству образцов аналогичной продукции, переданной Вам (вам) ранее...
- Качество услуг подтверждается прилагаемым к письму сертификатом...
- Указанная продукция по своему качеству относится к категории...
- Пожалуйста, вышлите нам образцы...
- С удовольствием посылаем выбранные Вами (вами) образцы и предлагаем...

Упражнения и задания:

1. Прочитайте следующие фрагменты писем и отметьте точные ответы к ним.
Фрагмент 1.

> Уважаемые господа!
> В связи с заинтересованностью отгрузки нашей продукции в вашу тару (мешки), которую мы имели честь видеть на российском рынке, просим рассмотреть вопрос о нашем сотрудничестве.
> В частности просим вас для налаживания деловых отношений выслать в наш адрес для испытания 15—20 мешков следующих размеров: 1000Х390 мм, полипропиленовый мешок с внутренней антистатической бумажной основой.
> В целях срочности желательно отправить данные образцы в трёхдневный срок, в случае необходимости можем отправить своих представителей для

урегулирования всех возникших вопросов. В этом случае просим сообщить свой адрес, реквизиты.

Наш адрес: 665470, Россия, Иркутская область, г. Усолье, ул. Тимирязева 7.

Наш контактный телефон: 7 (39546) 4-00-67, факс: 7 (39546) 4-00-78

С пожеланиями успехов и надеждой на взаимовыгодное сотрудничество

1) Покупатель предлагает сотрудничество с продавцом для того, чтобы
   А. отгрузить свою продукцию к продавцу.
   Б. рассмотреть возможность продажи мешков в России.
   В. заказать мешки у продавца.
   Г. наладить отношения с продавцом.
2) Покупатель сообщает продавцу свой адрес и реквизиты для того, чтобы
   А. продавец послал ему образцы мешков.
   Б. продавец подъехал к нему.
   В. подписал контракт.
   Г. рекламировал свою продукцию.

Фрагмент 2.

Уважаемые дамы и господа!

Мы благодарим вас за ваше письмо от 20 июля, приложенные проспекты и образцы рекламных изделий. Графическое исполнение последних и технические возможности вашей фирмы нам очень понравились.

В поисках изготовителя рекламных изделий для нашей фирмы, мы хотели бы вступить в деловые отношения с вами. Мы тщательно рассмотрели ваше предложение и согласны с указанными в нём условиями платежа и поставки.

Мы этим хотели бы дать вам первый заказ на пластиковые мешочки, шариковые ручки и блокноты (см. прилагаемый бланк заказа), напечатанные с наименованием и эмблемой нашей фирмы. Для печатания изделий воспользуйтесь, пожалуйста, прилагаемыми образцами наименования и эмблемы. Перед исполнением общего заказа направьте нам, пожалуйста, по одному образцу.

Относительно нашей репутации вы можете обратиться к фирме «Блучи», с которой мы поддерживаем деловые контакты на протяжении многих лет.

Мы надеемся, что этот заказ поведёт к дальнейшим торговым сделкам.

С уважением

样品与商品品质函 (Письмо об образце и качестве товара) 第6单元

1) Получатель письма занимается
   А. изготовлением рекламных изделий.
   Б. рекламированием новой продукции.
   В. изготовлением новой продукции.
   Г. коммерческим посредничеством.
2) В данном письме отправитель письма информирует, что
   А. 20-го июля он отправил письмо.
   Б. он изготовил образцы товара.
   В. он хочет обсуждать условия платежа и поставки товара.
   Г. он намерен разместить заказ товара.

Фрагмент 3.

> Уважаемые господа!
>
> Ссылаясь на ваш запрос от 15 марта и на беседу, которую вы имели с нашим сотрудником г-н Петровым, имеем удовольствие направить вам образцы рыбной муки и три экземпляра нашего стандартного прейскуранта. Из прейскуранта вы увидите, что он охватывает различные сорта муки. Мы прилагаем при этом три экземпляра нашей брошюры, которая содержит необходимые технические данные.
>
> Если качество товара будет отвечать вашим требованиям, то мы будем рады сообщить вам наши окончательные цены.
>
> С уважением

Отправитель письма направляет образцы рыбной муки по
   А. требованиям получателя письма.
   Б. техническим данным.
   В. договорённости между ними.
   Г. запросу и договорённости между ними.

2. Переведите следующие предложения с русского языка на китайский.
   1) С большим удовлетворением высылаем вам образцы наших изделий и надеемся, что они вас полностью удовлетворят.
   2) Мы увидели ваш товар на торговой ярмарке и хотели бы, чтобы вы прислали нам образцы товара.
   3) Надеемся, что товар будет такого же высокого качества, который мы получили от вас ранее.
   4) Просим срочно выслать по факсу сертификаты качества на

лекарственную субстанцию анальгин и фенацетин с указанным сроком годности и даты их изготовления.

5) Изучая образцы, мы увидели, что они имеют много преимуществ.
6) Хотелось бы добавить, что цены китайских огнеупоров традиционно ниже европейских, сохраняя высокое качество, длительный срок использования.
7) Мы провели испытания этих образцов в типичных рабочих условиях, и они показали удовлетворительные результаты.
8) На всё оборудование наша фирма даёт гарантию на три года при условии нормальной эксплуатации.

3. Переведите следующие предложения с китайского языка на русский.
1）我们想让贵方提供4公斤荞麦样品。
2）在寄送样品时，我公司考虑到了贵方的建议。
3）期待贵方在看过样品以后向我们订货。
4）我们将以单独的包装向贵方寄发各式服装的样品以及出口价目表。
5）希望贵方能恰当地评价我们产品的品质以及我们履行供货条件的认真态度。
6）我们相信，贵方会满意我们产品的品质和服务。
7）我们公司准备向贵方提供货物样品并同时附上价目表。
8）我们公司有意大量订货，但希望贵方提供样品和现行的商品目录。

4. Переведите следующие фрагменты писем с русского языка на китайский.
Фрагмент 1.

Уважаемые господа!

Согласно вашей просьбе направляем образец прибора, чтобы вы могли детально ознакомиться с его характеристиками и возможностями применения в медицинских учреждениях вашей страны.

Надеемся, что вы сочтёте возможным провести его изучение в самые кратчайшие сроки и сообщите нам о результатах.

С уважением

样品与商品品质函 (Письмо об образце и качестве товара) 第6单元

Фрагмент 2.

Уважаемые господа,

Мы хотим разместить у вас заказ на 10000 метров портьерной ткани серого, коричневого и красного цвета. Прилагаемый к письму образец даст вам представление о наших требованиях относительно качества ткани.

Мы будем признательны, если вы вышлете нам образцы материалов, а также укажете вашу самую низкую цену с поставкой на условиях ФОБ Далянь в начале сентября.

Если образцы ткани окажутся подходящими, а цена приемлемой, заказ будет размещён немедленно.

С уважением

Фрагмент 3.

Уважаемые господа!

В ответ на ваше письмо от 27 февраля сообщаем, что последние образцы порошковых красок высылаются отдельной почтой и должны прибыть в течение 7 дней. При посылке образцов наша фирма учла ваши рекомендации. Заверяем вас, что установленные цены являются сравнительно низкими.

Ждём ваших вопросов и заказов после просмотра наших образцов.

Надеемся на плодотворное сотрудничество.

С уважением

5. Переведите следующие фрагменты писем с китайского языка на русский.

Фрагмент 1.

尊敬的各位先生：

不久前我们生产出专供俄罗斯市场的钢制螺栓（болт），现将样品及详细的广告材料寄给贵方，以供贵方了解该产品。

期待贵方试验订货。

Фрагмент 2.

尊敬的各位先生：
我们是高档布匹的进口商，现需大量货物供给我们在俄罗斯各地的多个商店。
我们在《现代服装》杂志中看到贵方新的布匹广告，若贵方能提供所有这些商品的样品及价目表，将不胜感激。
此致
敬礼

Фрагмент 3.

尊敬的各位先生：
很高兴收到贵方2013年3月19日的来信，贵方在信中提出有兴趣购买俄罗斯《时尚业》(«Индустрия моды»)杂志中所宣传的帽子。
根据贵方要求，现将商品样品发给贵方，期待贵方的第一个订单。
此致
敬礼

6. Составьте письма по следующим требованиям.
   1) Составьте письмо с просьбой предоставления образцов изделий от иностранного партнёра.
   2) Составьте письмо директору ООО «Эсконт», в котором укажите, что, вы надеетесь получить образцы игрушек "Вертолёт-7" к 19.10.2012. Отметьте, что вы высоко цените заинтересованность в покупке игрушек и надеетесь на долгое и плодотворное сотрудничество.

Слова и словосочетания

валериана 缬草	эмблема 标志
сертификат качества 品质证书	репутация 声誉
гигиенический 卫生的	ярмарка 交易会
санитарный 防疫的，卫生的	лекарственная субстанция 原药，原料药
тара 包装皮	фенацетин 非那西丁
налаживание 建立	огнеупор 耐火材料
полипропиленовый 聚丙烯的	портьерный 门帘的，窗帘的
проспект （商品）说明书，（商品）广告	порошковый 粉末的
графический 进度的，计划的	учесть 考虑到

发运货物函
(Письмо об отгрузке товара)

导语：
　　发运货物的业务函一般涉及货物发运的时间、数量、地点、发运工具、货物状况、发运单据、装运费用等相关内容。需要特别指出，在发运货物的信函中，发运通知也是其中常见的内容之一。发运通知是根据合同的规定，卖方在货物发运或准备发运之时将运输货物的有关信息通知买方的信函。

Образец 1.

ООО «Лайм»	Компания «Цзиньшань»
Россия, г. Москва, ул. Пушкина, 111	Г-ну Ван Юе
Тел.: 7 (495) 111-11-11	150001 Китай, Харбин
Факс: 7 (495) 111-11-12	ул. Суньшань 027
20.09.2014	

Уважаемые господа!
　　Ваш заказ № 162 от 16 августа на 600 принтеров марки «LP» будет отправлен завтра. Мы надеемся, что они будут доставлены вам в отличном состоянии. Ждём от вас дальнейших заказов.

　　С уважением
　　　　Директор ООО «Лайм»　　　　　　　　　Р.Н. Андреев

参考译文（部分）：
尊敬的各位先生：
　　贵方8月16日的第162号订单所购的600台LP牌打印机将于明日发货。我们希望这些商品能完好无损地运抵贵方之处，期待贵方继续订货。
　　此致
敬礼

Образец 2.

ООО «Бытприбор»	Компания «Автоприбор»
Россия, 456940, Челябинская обл.,	Менеджеру по сбыту,
г. Куса, ул. Бубнова, 16	Г-ну Сунь Хунфу
Тел./факс: 7 (35161) 4-35-41	
http://www.morass.ru	

14.11.2011

Уважаемый г-н Сунь Хунфу!

Благодарим за факс, отправленный вчера, в котором Вы сообщаете, что товары по нашему контракту готовы к отгрузке. Признательны за быстрое исполнение заказа.

Просим Вас произвести отгрузку товаров в количестве четырёх контейнеров. Наша просьба связана с тем, что в случае поставки вагонами на станции Забайкальск происходит перегрузка товаров в другие вагоны, что может повлиять на качество товаров.

Надеемся, что Вы примите во внимание нашу просьбу.

С наилучшими пожеланиями

Директор ООО «Бытприбор»　　　　　　　　　　　М.В. Кирсанов

参考译文（部分）：

尊敬的孙洪福先生：

感谢昨天发来的传真。贵方在传真中通知我们，按照我们签订的合同的要求，贵方已备妥货物并准备发运，对于贵方迅速履行订单表示感谢。

请贵方用四个集装箱发运货物，我们这样要求是因为，如果直接用铁路车皮供货，在后贝加尔斯克车站货物将被换装到另外的车皮中，这样可能影响货物的品质。

希望贵方关注我们的要求。

顺致最美好的祝福。

Образец 3.

Россия, 121019 г. Москва,	Заместителю руководителя
пр. Мира, 907	по сбыту Компании «Техноком»
тел.: 7 (495) 129-28-56	Госпоже Ли Хуа
факс: 7 (495) 167-44-07	
24.08.2012 г.	

Уважаемая Ли Хуа!

Мы получили первую партию компьютеров и оргтехники Вашей фирмы, большое спасибо за оперативную и качественную работу.

 Мы начинаем рекламную компанию и продажу компьютеров и оргтехники в нашей торговой сети.

 Уверены, что совместные усилия наших фирм позволяют получить как моральное, так и материальное удовлетворение от работы.

 С уважением
  Президент ООО «Альт»   В.А. Кривчий

参考译文（部分）：
尊敬的李华：
 我们已收到贵公司提供的第一批电脑和其他办公设备，贵方为此做了及时认真的工作，对此我们十分感谢。我们现在已经开始进行广告宣传以及在我们的商务网络中销售电脑和其他办公设备。
 我们相信，在双方的共同努力下，一定会从工作中得到精神和物质上的满足。
 此致
敬礼

Пояснения:

1. 为了节约篇幅，防止重复较长的名称，商务信函中经常使用缩写词。目前，商务信函中常见的缩写词的缩写方式基本上已经约定俗成。

- год (при цифрах) – *г.*;
- город, города – *г., гг.*;
- госпожа – *г-жа*;
- господин, господа, господину – *г., гг., г-ну*;
- дом – *д*;
- единица измерения – *ед. изм.*;
- железная дорога – *ж. д.*;
- заместитель – *зам.*;
- имени – *им.*;
- исполняющий обязанности – *и. о.*;
- и другие – *и др.*;
- и прочие – *и пр.*;
- и так далее – *и т.д.*;
- и тому подобное – *и т.п.*;
- квартира – *кв.*;
- коэффициент – *коэф.*;
- коэффициент полезного действия – *КПД*;
- лист, листы – *л., лл.*;

- миллиард, миллиарды – *млрд* (用于数字之后);
- миллион, миллионы – *млн* (用于数字之后);
- минута – *мин*;
- пункт, пункты – *п., пп.*;
- сего года – *с. г.*;
- смотри – *см.*;
- статья, статьи – *ст.* (与数字搭配使用);
- текущего года – *т. г.*;
- триллион – *трлн* (用于数字之后);
- тысяча, тысячи – *тыс.* (用于数字之后);
- улица – *ул.*;
- экземпляр – *экз.*
- гектар – *га* (用于数字之后);
- килограмм – *кг* (用于数字之后);
- метр – *м* (用于数字之后);
- миллиметр – *мм* (用于数字之后);
- тонна – *т* (用于数字之后).

2. 表示发展双方关系愿望语义的惯用语:
- Мы рассчитываем на то, что Вы (вы) останетесь в числе наших наиболее надёжных партнёров.
- Мы высоко ценим прочность и надёжность наших деловых и дружеских связей.
- Мы выражаем уверенность в том, что у нашего взаимовыгодного партнёрства прекрасные перспективы.
- Я крайне удовлетворен состоянием наших деловых контактов и надеюсь...
- Я глубоко убеждён, что наши организации смогут уже в ближайшие годы существенно расширить сферы сотрудничества...
- Я всегда готов оказать Вам (вам)... услугу...
- Вашу фирму рекомендовала нам фирма..., с которой нас связывают деловые отношения более 10 лет.

Упражнения и задания:

1. Прочитайте следующие фрагменты писем и отметьте точные ответы к ним.
Фрагмент 1.

Уважаемая госпожа Шуман!
    Мы крайне удивлены Вашим письмом от 30 апреля 2014 г., в котором Вы

发运货物函 (Письмо об отгрузке товара) 第7单元

сообщаете, что Вам не удалось своевременно отгрузить 15000 т пшеницы, как указано в договоре.

Мы не можем согласиться с Вашей ссылкой на отсутствие транспортных средств и категорически настаиваем на немедленной отгрузке пшеницы, в которой мы очень нуждаемся.

Если Вы не можете гарантировать нам сдачу товара в предусмотренный контрактом срок, мы будем вынуждены предъявить Вам претензию в связи с просрочкой поставки пшеницы.

Поставленная Вами пшеница предназначена для населённых пунктов севера. Поэтому сразу после её прибытия в Петербург предусмотрена её перегрузка на речные суда, так как этот путь возможен лишь до замерзания внутренних вод. После замерзания вод остаётся только транспортировка автотранспортом или, в крайнем случае, воздушным путём. В случае значительной просрочки в поставке товара Вы обязаны компенсировать связанные с этим наши расходы.

Надеемся, что Вы примете срочные меры для отгрузки пшеницы.

С уважением

1) Госпожа Шуман не может отгрузить пшеницу в срок по поводу
   А. замерзания вод.
   Б. отсутствия транспорта.
   В. отсутствия пшеницы.
   Г. наводнения.

2) Отправитель письма настаивает на своевременной отгрузке пшеницы, потому что
   А. он уже заказал автомобили для перегрузки пшеницы.
   Б. он хочет предъявить претензию Шуману.
   В. Шуман не может компенсировать их расходы.
   Г. в противном случае отправителю письма будет трудно перенаправить пшеницу на Север.

Фрагмент 2.

Уважаемые господа,

В соответствии с контрактом № 1209, подписанным между нами 12 декабря 2011 г., поставка оборудования начинается в ноябре текущего года. Согласно графику поставки оборудования и его монтажа на заводе в первую очередь будут поставлены негабаритные тяжеловесные технологические металлоконструкции.

Поставку конверторов предлагаем осуществить морем, так как значительная негабаритность указанного оборудования не позволяет транспортировать его по железной дороге.

Искренне ваши

Отправитель письма предлагает поставить конверторы морем
   А. в соответствие с контрактом.
   Б. по графику поставки товара.
   В. от негабаритности оборудования.
   Г. от металлоконструкции оборудования.

Фрагмент 3.

Уважаемые дамы и господа!
Согласно вашему заказу № 60/587 от 26 августа 2014 г. мы отправили вам сегодня 200 фарфоровых сервизов марки «Роза» по железной дороге, франко-вагон, пограничная станция Суйфэньхэ.

Товар перевозится в 20 ящиках со специальной маркировкой «Осторожно, стекло», «Не кантовать». Ящики пронумерованы последовательно от 01 до 20.

Мы надеемся, что товары прибудут к вам своевременно и в хорошем состоянии.

Мы были бы рады получить ваши дальнейшие заказы, которые мы будем выполнять с большой тщательностью.

С дружеским приветом

Фарфоровые сервизы были отправлены
   А. 26-го августа 2014 г.
   Б. сегодня.
   В. в прошлом году.
   Г. в прошлом месяце.

2. Переведите следующие предложения с русского языка на китайский.
1) Мы обещаем поставить остаток товаров до конца этого месяца.
2) Нам потребуется поставка не позже, чем через четыре недели с

发运货物函 (Письмо об отгрузке товара) 第7单元

момента заказа.

3) Обращаемся к вам с просьбой по возможности ускорить поставки запчастей для генераторов.

4) Продавец должен поставить специальные крепежа в течение IV квартала 2014 г. двумя равными партиями.

5) Ожидаем от вас факс подтверждением о готовности отгрузить в наш адрес указанный товар.

6) Просим срочно выслать нам оригиналы ж/д накладных (или копии) на вагоны №№24514549 и 22560717.

7) С благодарностью подтверждаем получение отгрузочных документов на электротовары, отправленные в соответствии с контрактом № 2571 от 10 мая 2011.

8) Мы были бы признательны, если бы вы смогли перенести срок поставки до конца сентября.

3. Переведите следующие предложения с китайского языка на русский.

1）我们会尽力在节日（圣诞节和新年）到来之前将货物发出。
2）这些货物应该采用FOB大连港的交货条件在5月末之前准时提供。
3）如果贵方能在3天内确认该订单，我们公司可以保证向贵方供货。
4）货物运抵莫斯科的价格中包括装卸费用。
5）很高兴地通知贵方，贵方订购的设备将在本月12日由普希金号船发运。
6）请告知我们推迟发货的原因和预计的发货日期。
7）根据我们合同的规定，供货期限截止时间是12月11日。
8）按照订单的要求，我们昨天由莫斯科向大连发出两台农用机械。

4. Переведите следующие фрагменты писем с русского языка на китайский.

Фрагмент 1.

Уважаемые господа!

При отгрузке товара в наш адрес учтите наши следующие требования:

1. На каждом месте должны быть нанесены на русском и китайском языках номер серии товара, производитель товара, дата изготовления товара и срок годности товара.

2. Эти информации должны также содержаться в сертификате о качестве и сертификате происхождения товара.

С уважением

Фрагмент 2.

Уважаемые господа!

Благодарим вас за ваш заказ № 0612 на подшипник, который сейчас выполняется.

Однако мы вынуждены сообщить вам, что из-за периода отпусков мы не сможем уложиться в срок, обусловленный вами для поставки.

Задержка составит приблизительно 10 дней.

Мы с сожалением сообщаем вам об этом и просим вас войти в наше положение.

Будем признательны, если вы подтвердите, что вы принимаете отгрузку с задержкой.

С уважением

Фрагмент 3.

Уважаемые господа!

Настоящим сообщаем, что из-за сильного шторма порт Находка временно закрыт, и мы не сможем поставить судно под разгрузку.

Мы будем очень вам признательны, если вы задержите отгрузку оборудования до нашего уведомления о прекращении форс-мажорных обстоятельств.

Надеемся, что эта кратковременная задержка не скажется отрицательно на графике поставок.

С уважением

5. Переведите следующие фрагменты писем с китайского языка на русский.

Фрагмент 1.

尊敬的各位先生：

很高兴通知贵方，所订购的设备准备发出。我们十分重视贵方的订货，因而能够把供货期限提前。

若贵方有特殊要求，请通知我们。

此致

敬礼

发运货物函 (Письмо об отгрузке товара) 第7单元

Фрагмент 2.

尊敬的王女士：
　　感谢贵方的第 35号食品托盘订单。由于我们的仓库中无现货，故延误了货物的发运，对此表示遗憾。
　　我们希望在15日之内发货。对于延误发货和由此引发的不便，我们深表歉意。一旦有货，我们将立即发运。
　　若贵方想取消订单，请通知我们，我们将按贵方的意愿返还货款。
　　再次为延误发货向贵方表示歉意。
　　您真诚的朋友

Фрагмент 3.

尊敬的各位先生：
　　现通知贵方，我们于2012年10月26日开始供货，并将于2012年11月、12月和2013年1月三个月等批量发运货物，货物将采用集装箱装运。具体发货日期和货物批次编号我们将另行通知。
　　　此致
敬礼

6. Составьте письма по следующим требованиям
   1) Составьте письмо с просьбой об изменении сроков поставки оборудования и письмо об отказе на эту просьбу.
   2) Составьте оправдательное письмо, объясняющее задержку в поставке товара заказчику.
   3) Напишите письмо, в котором вы сообщаете российской партнёрской фирме о том, что в соответствии с их заказом, датированным 02.04.2014, об отгрузке компьютеров, заказанный товар находится на складе и будет готов к отгрузке 26.10.2014. Напишите, чтобы вам дали знать, какой способ отправки товара предпочитает фирма.
   4) Напишите письмо, в котором вы подтверждаете ваш телефонный разговор с партнёрами, состоявшийся сегодня утром, в ходе которого вы информировали партнёров о том, что они не приложили к своему письму от 12.04.2013 счёт-фактуру на двутавр, отгруженный по контракту № 2365. Попросите выслать счёт авиапочтой.

俄语商务信函教程　Коммерческая корреспонденция на русском языке

Слова и словосочетания

принтер 打印机
оргтехника 办公设备
моральный 精神上的，心理上的
просрочка 逾期
пшеница 小麦
транспортные средства 交通工具
предусмотреть 规定
претензия 索赔要求
населённый пункт 居民点
перегрузка 换装，转载
монтаж 安装
негабаритный 尺寸过大的
тяжеловесный 非常重的
металлоконструкция 金属结构（件）
конвертор 变流器
фарфоровый сервиз 瓷餐具

кантовать 翻转，倒置
пронумеровать 编号
генератор 发电机
крепёж 紧固件
оригинал 正本，原本
отгрузочный документ 发运单据
нанести 标出
срок годности 有效期
сертификат происхождения товара 原产地证书
подшипник 轴承
уложиться 在一定期限内完成
шторм 风暴
двутавр 工字钢
датировать 注明日期

支付函1.
(Письмо о платеже 1.)

导语：
　　支付函中经常会涉及汇付和托收两种支付货款的方式。汇付就是买方按照买卖双方商定的条件，直接将货款汇给卖方。买方按照合同的规定在卖方发货之前支付货款称为预付货款；买方按照合同的规定在收到货物之后支付货款称为货到付款。预付可以根据合同总值分为部分预付和全额预付两种形式。托收通常是指卖方委托银行代其向买方收取货款，托收的方法主要是买方在银行承兑卖方转交给银行的货物运输等单据，然后凭相关单据提取货物。
　　支付函的内容主要包括支付时使用的商务单据、支付期限、支付方式或条件以及支付金额等方面的内容。

Образец 1.

ЗАО «Спецтехника»
Россия, 111222, Москва,
ул. Ордынка, 39
Тел./факс: 7 (495) 212-14-36
vaal@mail.ru
08.12.2012
№10-12-69

Директору
Компании «Звёзда»
Ду Синвану

Уважаемый господин Ду!
　　В ответ на Ваше письмо от 06.12.2012 г. сообщаем, что оплата партии товаров по контракту № 0128 была произведена нашей фирмой в день поступления товара в Москву.
　　Мы рассчитываем на продолжение нашего сотрудничества в ближайшее время.

С уважением
　　　　Директор　　　　　　　　　　　　　　　И.А. Антонов

参考译文（部分）：
尊敬的杜先生：
　　根据贵方2012年12月6日来函的要求，现回复贵方，我们公司已经按照第

0128号合同的规定，在货物抵达莫斯科之日支付了货款。我们希望近期能与贵方继续合作。

　　此致

敬礼

Образец 2.

ЗАО «Волна»
220000, г. Минск,
ул. Ленина, 999
Тел.: 375 (17) 211-60-00
Тел.: 375 (17) 211-90-00
E-mail: volna@gmail.ru

ЗАО «Броэнт»
121069, Москва,
ул. Пушкина 400 оф. 16

Уважаемые дамы и господа!

　　В вашем письме от 27 января 2014 вы просите о внесении изменений в нашу оферту от 21 декабря 2013 года относительно условий платежа.

　　Мы должны проинформировать вас о том, что ваши условия платежа для нас, к сожалению, неприемлемы.

　　Если вы будете настаивать на упомянутых выше изменениях, мы будем вынуждены отказаться от вашего заказа.

　　С уважением

　　　　Директор отдела　　　　　　　　　Б.Н. Казаков

参考译文（部分）：

尊敬的各位女士、各位先生：

　　贵方于2014年1月27日来函要求我方修改2013年12月21日报价中的支付条件。但是，贵方的支付条件我们无法接受，对此表示遗憾。

　　若贵方坚持上述修改要求，则我们不得不拒绝贵方的订单。

　　此致

敬礼

Образец 3.

ООО «Томскнефть»
Тел.: 7 (382) 233-13-00
Факс: 7 (382) 232-73-45

Фирма «Силач»
Директору Линь Чжи
Факс: 86-010-85930311

Уважаемый г-н Линь!

　　Сообщаем Вам номер нашего счёта во Внешторгбанке: EOF123Y321/FG.

支付函1．(Письмо о платеже 1.)　第8单元

Средства должны быть переведены на следующих условиях: аванс в размере 25% от общей стоимости контракта выплачивается за пять дней до отгрузки товара, то есть, до 05 июня 2014 года; остальные 75% выплачиваются в течение двух месяцев с момента отправки партии товара. Расходы по поставке товара полностью оплачиваются покупателем.

　　С уважением
　　　　Директор　　　　　　　　　　　　　　И.С. Готманов

参考译文（部分）：
尊敬的林先生：
　　现通知贵方，我们在外经银行的账号为EOF123Y321/FG。贵方应该采用以下条件汇款：合同总值25%的预付款应该在货物发运前5天支付，也就是在2014年6月5日之前支付，剩余的75%款额应该自货物发运之时起的两个月内支付，供货费用全部由买方支付。
　　此致
敬礼

Пояснения:

1. 俄语商务信函中表示数值的范围时一般使用破折号"-"或者使用前置词от（с）和до。例如"长度为5-10米"可以表示为длиной 5 - 10 м或длиной от 5 до 10 м；再如时间"14：00-16：00点"可以表示为14.00 - 16.00 часов或表示为с 14.00 до 16.00 часов。

2. 商务信函中根据规范方式书写电话号码，一般要求按照从右向左每两个数字为一组的方法书写，各组之间用连字符连接。例如，т. 9–99–99; т. 8–76。如果一组的电话号码超过六个数字并且总数是单数，则最后一组(即最左侧的一组)数字为三个数字。例如，т. 298-63-22。

3. 支付函中的惯用语：

- Платёж (производится, должен производится, осуществляется, должен осуществлён, должен осуществиться) через банк страны-экспортёра (через инкассо, по инкассовому поручению, посредством инкассо, в форме инкассо, в форме инкассо с немедленной оплатой, в евро, посредством безотзывного аккредитива, с аккредитива, с предоплатой, ежемесячно, против платёжных документов, против отгрузочных документов, против счёт-фактуры…)

- Условия платежа: в рассрочку (по счёт-фактуре…)

- Остальные условия оферты действуют (действительны) согласно предписаниям о (протоколу о)…

- Наше (Данное) предложение теряет свою действительность (силу) по истечении… недель с сегодняшнего дня.

67

Упражнения и задания:

1. Прочитайте следующие фрагменты писем и отметьте точные ответы к ним.

Фрагмент 1.

> Об условиях оплаты выполненных работ
> Уважаемые господа!
>
> С благодарностью подтверждаем получение вашей оферты, условия которой в целом нас устраивают.
>
> Однако нам бы хотелось, чтобы вы увеличили размер аванса, если это возможно. Напоминаем, что за нашу предыдущую работу был установлен аванс в размере 50 %, и полагаем, что эта величина должна быть сохранена.
>
> Мы бы хотели получить ваше подтверждение возможности выплаты нам аванса в размере 50 % после подписания договора с окончательным расчётом по завершении работы.
>
> Ждём вашего ответа и уверены, что сможем прийти к согласию по данному вопросу.
>
> С уважением

1) Отправитель письма предлагает предоплату в 50% за стоимость
   А. уже выполненной работы.
   Б. предстоящей работы.
   В. предыдущей работы.
   Г. заключённого договора.

2) По предложению отправителя письма после подписания договора с окончательным расчётом по завершении работы аванс должен выплатить
   А. отправитель письма.
   Б. получатель письма.
   В. отправитель письма и получатель письма.
   Г. банк.

Фрагмент 2.

> Об оплате контракта № 15/МТ
> Уважаемый Игорь Иванович!
> Направляем Вам копию платёжного поручения по контракту №15/МТ от

支付函1. (Письмо о платеже 1.) 第8单元

22.09.2012. К сожалению, нашим сотрудникам Вам была переведена сумма в $14500 вместо 15400 долларов США, установленной нашим контрактом. Мы приносим свои извинения за досадную оплошность. Нами уже направлены документы в банк и недостающая сумма Вам будет переведена немедленно.

Сообщаем также, что будем рады видеть Вас и Ваших коллег на выставке наших изделий в «Экспоцентре», которая проводится с 09.02.2013.

С уважением

Настоящая копия платёжного поручения свидетельствует о переводе
   А. полной суммы по контракту № 15/МТ.
   Б. суммы в 14500 долларов США.
   В. суммы в 15400 долларов США.
   Г. недостающей суммы.

Фрагмент 3.

Уважаемый господин Юй Шушэнь!

В соответствии с контрактом № 254 от 11 сентября этого года, мы направили в Вашу страну группу опытных специалистов для оказания помощи в сборе исходных данных и проведения изыскательских работ в зоне строительства металлургического завода. Пункт 10 вышеупомянутого контракта предусматривает оплату этих услуг против счётов, выставляемых нами ежеквартально, однако наш первый счёт был оплачен не полностью. Вы не возместили дорожные расходы и транспортировку багажа специалистов, что противоречит пункту 25 контракта № 254.

Мы просим Вас немедленно рассмотреть данное письмо и принять меры к скорейшему возмещению долга.

Искренне Ваш

Отправитель письма просит возместить долг
   А. по возможности получателя письма.
   Б. против счётов.
   В. по пункту 25 контракта № 254.
   Г. по другим пунктам контракта № 254.

2. Переведите следующие предложения с русского языка на китайский.

1) Платежи производятся против коносаментов, счёт-фактур, страховых полисов, спецификаций, сертификатов о происхождении товара и сертификатов о качестве.
2) Просим в течение 10 банковских дней перечислить указанную сумму на наш расчётный счёт.
3) Мы гарантируем 50% предоплаты и 50% оплаты в момент прибытия груза в г. Санкт-Петербург.
4) Предстоящие праздничные дни (Новый год и Рождество) могут являться причиной замедленного прохождения платежей.
5) Ваш заказ является очень срочным, мы бы хотели предложить, чтобы вы оплатили товар банковским переводом.
6) Платёж должен быть произведён в течение 5 дней после получения счёта-фактуры, коносамента и упаковочного листа.
7) Сообщаем вам, что оплата производится через инкассо против представления отгрузочных документов и сертификата качества.
8) Просим сообщить, в течение какого времени после поступления денежных средств на ваш счёт вы произведёте поставку товара.

3. Переведите следующие предложения с китайского языка на русский.

1）收到货物后，我们会立刻指令银行向贵方支付货款。
2）我们通常的支付方式是在收到发货通知后30天内通过银行汇付。
3）根据第022号合同的第3.4条的规定，买方应该自收到发货通知之日起的5个银行工作日内对所供货物进行结算。
4）在贵方支付发票规定金额后，我们将把发运单据转交给贵方。
5）由于仓储的额外费用未包含在我们的合同条件中，我们不能向贵方全额付款。
6）我们相信，贵方能够采用所有的必要措施，在规定时间内支付货款。
7）请贵方向我们的56214号账户汇3万美元。
8）如果我们在规定日期前未收到发票上的款额，我们将停止继续供货。

4. Переведите следующие фрагменты писем с русского языка на китайский.

Фрагмент 1.

> Уважаемые господа!
> Мы получили ваше письмо относительно заказа № 101 на поставку стабилизаторов напряжения.

支付函1. (Письмо о платеже 1.) 第8单元

Мы могли бы согласиться на отсрочку окончательного платежа, если вы произведёте оплату первой партии товара до 01.08.2014.

Кроме того, мы можем предоставить вам специальную скидку в размере 2%, если вы разместите дополнительный заказ не менее чем на 50 шт. стабилизаторов напряжения.

Просим в самое ближайшее время сообщить нам о вашем решении.

С уважением

Фрагмент 2.

Уважаемый господин Мареев,

Мы сегодня дали указание нашему банку оплатить Ваш счёт-фактуру № 396 на отправленный Вами товар.

В последние 12 месяцев Вы поставляете нам первоклассный товар, и в наступающем году ожидается увеличение объёма торговли с более регулярными заказами.

Поэтому мы будем Вам благодарны, если Вы предоставите нам возможность платить поквартально.

С уважением

Фрагмент 3.

Уважаемый г-н Ху!

Спасибо за Ваш заказ от 05 февраля 2012 года. Сегодня мы направляем Вам 20 рулонов ткани марки «Радуга» на сумму 5 тысяч американских долларов. Просим Вас оплатить в 15-дневный срок, начиная с сегодняшнего числа.

Пользуясь предоставленной возможностью, желаем Вам успеха в новом деле.

Искренне Ваш

5. Переведите следующие фрагменты писем с китайского языка на русский.

Фрагмент 1.

尊敬的女士们、先生们：
现将一份提单和金额为316400欧元的发票寄给贵方。至本批货物为止，贵方所有订单已履行完毕，期待继续进行合作。
此致
敬礼

Фрагмент 2.

尊敬的各位先生：
我们再次认真分析了我们的情况。我们认为，目前无法接受贵方提出的支付条件，因此也暂时不能接受贵方的报价，对此我们感到十分遗憾。
若情况变化，希望重新讨论这个问题。
此致
敬礼

Фрагмент 3.

尊敬的孙先生：
我们很高兴贵方同意15%预付的条件。
2014年3月10日给贵方汇了15万美元。根据我们达成的协议，全部货款将自贵方发货之日起的3天之内凭贵方提供的发运单据进行支付。
此致
敬礼

6. Напишите письма по следующим требованиям.

1) Напишите письмо, в котором вы предлагаете своему российскому партнёру, чтобы он оплатил товар после прибытия товара на границу. Напомните им обо всех преимуществах такого вида оплаты.

2) Напишите письмо, в котором вы просите об отсрочке платежа, вам следует извиниться за неуплату в срок, объяснить причину неуплаты и указать, как и когда вы будете оплачивать заказанные товары.

支付函1.（Письмо о платеже 1.） 第8单元

Слова и словосочетания

настаивать 坚持
аванс 预付，预付款
выплачиваться 支付
оплачиваться 付清
расчёт 结算，清算
платёжное поручение 付款委托书
оплошность 过失，错误
недостающий 所缺少的
изыскательский 勘测（者）的
металлургический 冶金的

ежеквартально 按季度地
возместить 补偿
коносамент （海运的）提单
счёт-фактура 发票
расчётный счёт 结算账户
банковский перевод 银行汇款
упаковочный лист 装箱单
стабилизатор 稳压器
напряжение 电压
рулон （一）卷

73

支付函2.
(Письмо о платеже 2.)

导语:
在商务活动的支付函中，经常涉及采用信用证进行结算的有关问题。信用证的实质是一种银行开立的承诺有条件付款的书面文件，按照信用证结算方式的要求，出口方在已经备好货物以后，需要通知进口方准备发货。进口方应该按照合同的规定，在合同规定的银行开立信用证，出口方在收到进口方已经开立信用证的通知以后向进口方发货，然后向开立信用证的银行提供规定的商业单据并进行结算。

Образец 1.

630000, Россия, г. Новосибирск,
ул. Одоевского
Тел.: 7 (383) 777-77-77
Факс: 7 (383) 777-77-80
E-mail: sib446@yandex.ru
26.02.2013 г.

Компания «Восток-импорт»
Директору Чжан Дэли
Китай, Пекин, ул. Ябаолу, 9
Тел.: 86 (10) 44-55-05-55
Факс: 86 (10) 44-55-15-55

Уважаемый господин Чжан!

Ссылаемся на наш заказ на костюмы, высланный Вам две недели назад, поставка должна быть завершена в двухнедельный срок.

Мы рекомендовали Московскому банку открыть безотзывный документальный аккредитив на сумму 1525 фунтов стерлингов на Вашу фирму.

Необходимые расчётные документы:
1. коносамент (1 экз.).
2. коммерческий счёт-фактура (4 экз.).
3. страховой полис (1 экз.).

С уважением
    Директор   Ю.А. Абрамович

参考译文（部分）:
尊敬的张先生：
根据我们两周前发给贵方的服装订单的要求，供货应在两周内完成。

我们要求莫斯科银行开立以贵公司为受益人的不可撤销信用证，信用证的金额为1525英镑，结算所需的单据如下：
1. 提单（1份）；
2. 商业发票（4份）；
3. 保险单（1份）。
   此致
敬礼

Образец 2.

220007, Беларусь, г. Минск,
ул. Могилевская, 450
Телефон: 375 (17) 211-10-00
Факс: 375 (17) 211-11-17

Директору Компании
«Анита»
Яо Дэчжи

Уважаемый господин Яо!

В дополнение к переговорам с господином Шао сообщаем Вам условия платежа:

Платёж производится в долларах США с безотзывного аккредитива на 60 дней. После получения извещения о готовности товара к отгрузке покупатель открывает безотзывный аккредитив на полную сумму заказа в пользу продавца в Стройбанке Китая.

Платёж производится против представления следующих документов:

а) счёта-фактуры (3 экз.);

б) оригинала коносамента (1 экз.);

в) упаковочный лист и спецификации (3 экз.);

г) сертификат качества (1 экз.);

д) страховой полис (1 экз.).

С уважением
    Директор отдела   В.С. Черновский

参考译文（部分）：
尊敬的姚先生：
　　现将支付条件通知贵方，它是与邵先生洽谈结果的补充内容。
　　支付采用美元以不可撤销信用证的方式进行，信用证有效期为60天。收到已备货通知以后，买方在中国建设银行开立以卖方为受益人的订单全额的不可撤销信用证。
　　付款凭以下单据：
1. 商业发票（3份）；
2. 正本提单（1份）；

3. 装箱单及明细单（3份）；
4. 品质证书（1份）；
5. 保险单（1份）。
此致
敬礼

Образец 3.

ООО «Гелиос»　　　　　　　　　　　　Компания «Бэйфан»
630049, Россия, г. Новосибирск, ул.　　150000, Китай, г. Харбин,
Обская, 15/1　　　　　　　　　　　　р-н. Даоли,
Телефон: 7 (383) 200-00-15　　　　　　пр. Шанчжи, 960/99
Факс: 7 (383) 200-16-00　　　　　　　Директору Чжан Гуану

Уважаемый господин Чжан!

Рады сообщить Вам, что производство заказанного Вами товара будет завершено в течение 8-10 дней.

Мы предлагаем, чтобы платёж был произведён по предоставлении документов против безотзывного аккредитива на наше имя Стройбанком.

Как только мы получим подтверждение того, что аккредитив открыт, товары будут отправлены и документы для произведения расчётов будут представлены в банк.

С уважением
　　　Директор отдела импорта и экспорта　　　　А.П. Прохоров

参考译文（部分）：
尊敬的张先生：
很高兴通知贵方，我们将于8—10天内完成贵方所订购商品的生产。我们建议，通过建设银行开立的以我们为受益人的不可撤销信用证，凭单据进行支付。
我们收到开立信用证的确认书以后，将立即发货并把结算单据转交银行。
此致
敬礼

Пояснения:

1. 俄语商务信函中句子词序的典型特征是按照表达内容的逻辑顺序排列，关键信息一般位于句子的后半部。

2. 由于商务信函中一般表示的语言内容不是个人的意愿，而是代表企业进行的业务活动，所以俄语商务信函总体上要求语言表达既要注意礼节性，还要注意准确性，但根据交际主题的差异，语言表达方式也有一定的差别。与业务往来时间较短的客户

支付函2. (Письмо о платеже 2.) 第9单元

相比，交往时间比较长久的客户之间的信函的正式程度有所降低。

3. 由于各种原因，在商务活动中有时需要通过信函拒绝对方的某种要求，俄语商务函中使用的表示拒绝语义的惯用语：

- Не смотря на предпринятые нами (нашей фирмой) усилия, Ваш (ваш) заказ остаётся невыполненным в связи с…
- К сожалению, удовлетворить Вашу (вашу) просьбу не представляется возможным, поскольку…
- Наш контракт не может быть выполнен к установленному сроку по причинам…
- К сожалению, вынуждены отказаться от…
- С сожалением должен сообщить об отказе от…

Упражнения и задания:

1. Прочитайте следующие фрагменты писем и отметьте точные ответы к ним.
Фрагмент 1.

Уважаемые господа!

Мы получили ваш проект контракта на поставку кофе и хотим сообщить, что нас не вполне устраивают предложенные вами условия платежа. Мы не можем согласиться на выплату аванса в размере 30% всей стоимости товара, т.к. это противоречит нашей практике.

Мы могли бы предложить следующее: по получении вашего извещения о готовности товара к отгрузке мы открываем безотзывный неделимый аккредитив в вашу пользу в Банке Китая на 90% стоимости товара, предназначенного к отгрузке. Платёж осуществляется по представлении отгрузочных документов.

Если наши условия приемлемы для вас, просим сделать соответствующие изменения и прислать контракт для подписи.

Ждём ответа от вас

С уважением

1) Отправитель письма не может согласится на условия платежа, потому что он

А. вообще не осуществляет авансовый платёж.

Б. не осуществляет отсрочку платежа.

В. осуществляет разовый платёж.

Г. осуществляет 10-процентный аванс.

2) Отправитель письма предлагал

    А. 10% оплаты стоимости контракта в форме аванса.

    Б. 30% оплаты стоимости контракта в форме аванса.

    В. 90% оплаты стоимости контракта в форме аванса.

    Г. 100% оплаты стоимости контракта в форме аванса.

Фрагмент 2.

> Господа,
>
> В соответствии с контрактом № 073 поставка оборудования для строительства завода минеральных удобрений должна быть осуществлена тремя партиями.
>
> Первые две партии оборудования были доставлены в сроки, оговоренные контрактом, и мы остались довольны его техническим характером.
>
> Однако по вине изготовителя, который не изготовил оборудование в срок, и в связи с трудностями в обеспечении транспортных средств произошла задержка в поставке третьей партии оборудования. Вместо 10 сентября оборудование прибыло в порт погрузки 20 ноября.
>
> К этому времени срок действия вышеуказанного контракта истёк. Срок действия аккредитива на оплату последней, третьей партии оборудования закончился, поэтому мы убедительно просим продлить срок действия аккредитива до января 2013 г. или подтвердить оплату счёт-фактуры, которая будет выставлена инкассо.
>
> С уважением

1) Продавец не в срок поставил третью партию оборудования из-за

    А. задержки его изготовления.

    Б. отсутствия транспортных средств.

    В. задержки его изготовления и отсутствия транспортных средств.

    Г. отсрочки оплаты за поставленное оборудование от покупателя.

2) Продавец хочет, чтобы покупатель

    А. продлил срок действия аккредитива.

    Б. продлил срок действия аккредитива или оплатил счёт-фактуру по инкассо.

    В. заново открыл аккредитив.

    Г. произвёл платёж по инкассо.

支付函2. (Письмо о платеже 2.) 第9单元

Фрагмент 3.

> Уважаемый г-н Ли!
>
> К большому сожалению, мы Вам должны сообщить, что у нас нет возможности поставить в течение условленного срока измерительные приборы, заказанные Вами.
>
> Из-за недостаточного количества специалистов нам в настоящее время трудно выполнять свои обязательства по поставкам. Хотя мы и ожидаем, что нам удастся преодолеть отставание в выполнении заказов примерно через месяц, всё же не исключены максимальные задержки до 15 апреля 2014 года.
>
> Поэтому мы были бы Вам очень благодарны, если бы Вы через Ваш банк продлили аккредитив на 15 дней.
>
> Нам очень жаль, что приходится причинять Вам неприятности, и просим Вас понять нашу трудную ситуацию. Чтобы окончательно решить неприятную проблему задержек в поставках, мы в скором времени автоматизируем очередные этапы нашего производства. А пока мы вынуждены просить Вас о терпении и снисхождении.
>
> С уважением

Изготовитель просит продлить срок действия аккредитива
   А. на 15 дней.
   Б. до 15-го апреля.
   В. на 30 дней.
   Г. на 45 дней.

2. **Переведите следующие предложения с русского языка на китайский.**
   1) Мы прорабатываем вопрос об открытии L/C на следующую партию товара.
   2) Отгрузочные документы должны быть направлены в банк в трёх экземплярах в течение срока действия аккредитива.
   3) Мы готовы сотрудничать с вами как по предоплате, так и по аккредитиву.
   4) Наша фирма должна открыть аккредитив в одном из китайских банков на полную стоимость товара после получения извещения о готовности товара к отгрузке.
   5) Мы согласились произвести платёж по аккредитиву против отгрузочных документов.
   6) Все поправки относительно аккредитива должны быть внесены без задержки.
   7) Мы были бы рады, если бы вы открыли безотзывный аккредитив в нашу пользу.
   8) Просим проверить соответствие условий аккредитива условиям контракта и в случае необходимости запросить через покупателя изменение условий в аккредитиве.

3. Переведите следующие предложения с китайского языка на русский.

1) 请贵方通过传真将开立信用证所需的单据提供给我们。
2) 阿尔卡（Алка）公司计划在对外贸易银行（банк «Внешторг»）开立金额为400万美元的信用证。
3) 我们想明确一下，银行在多长期限内能够开出信用证。
4) 在买卖双方之间的合同中规定了信用证的有效期和结算方式。
5) 今天我们仔细研究了通过中国银行开立信用证的问题。
6) 我们已经按贵方要求指令银行对信用证作出修改。
7) 买方采用保兑的不可撤销信用证，凭发票和运输单据进行支付。
8) 我们遗憾地告知贵方，贵方支付条件不符合我们的惯例。

4. Переведите следующие фрагменты писем с русского языка на китайский.

Фрагмент 1.

> Уважаемые господа!
>
> Мы предлагаем осуществлять платёж посредством аккредитива, который покупатель открывает в «Стройбанке» в пользу продавца в течение 10 (десяти) дней с даты получения извещения о готовности товара к отгрузке.
>
> Платежи с аккредитива производятся против представления продавцом следующих документов:
>
> а) счёт-фактуры в трёх экземплярах;
> б) оригинала коносамента в одном экземпляре;
> в) страховых полисов в трёх экземплярах.
>
> С уважением

Фрагмент 2.

> Уважаемые господа!
>
> Сообщаем вам, что мы получили ваш проект контракта и тщательно изучили его. Все пункты контракта для нас приемлемы, за исключением условий платежа.
>
> Вместо авансового платежа в 25% мы согласны сделать авансовый платёж в размере 15%. Мы также возражаем против открытия аккредитива на оставшуюся сумму. Вместо этого мы согласны перевести остальные 85% на ваш счёт в течение 10 дней после предъявления отгрузочных документов.
>
> Надеемся, что предложенные изменения не встретят возражения с вашей стороны.
>
> С уважением

支付函2. (Письмо о платеже 2.) 第9单元

Фрагмент 3.

> Уважаемые господа!
> Благодарим за факс от 29.10.2010 г.
> Мы высылаем вам заявление на открытие аккредитива № 2 для согласования. После получения вашего ответа мы готовы дать указание нашему банку об открытии в вашу пользу аккредитива.
>
> С уважением

5. Переведите следующие фрагменты писем с китайского языка на русский.

Фрагмент 1.

> 尊敬的各位先生：
>   现通知贵方，第201号合同项下的剩余货物已备妥并准备发给贵方。按照与贵公司代表达成的协议，请贵方在2014年3月底之前开立第二批货物的信用证。
>   请将结果告知我们。
>   此致
> 敬礼

Фрагмент 2.

> 尊敬的彼得罗夫先生：
>   现告知贵方，我们公司已开立以贵方为受益人的跟单信用证，信用证的金额为45000美元，有效期至8月15日，在银行开立信用证的所有费用已支付。
>   此致
> 敬礼

Фрагмент 3.

> 尊敬的塔季扬娜·阿列克谢耶娃：
>   感谢贵方对我们传真的及时回复。我们计划今天把开立信用证的申请发到银行。我们希望，如果我们快速开立信用证，请你们也能尽快发货。
>   此致
> 敬礼

81

6. Напишите письмо по следующим требованиям.

Обратитесь в российскую фирму, поставляющую оборудование для добычи угля, с просьбой о предоставлении возможности получить их продукцию в аккредитивной форме. Убедите поставщика в вашей надёжности как партнёра.

Слова и словосочетания

безотзывный документальный аккредитив 不可撤销的跟单信用证
фунт стерлингов 英镑
неделимый 不可分割的
минеральное удобрение 矿物质肥料，矿物肥
истечь（时间）过去，期满
продлить 延长，延期

инкассо 托收，委托收款，（银行）代收
измерительный прибор 测量仪器
причинять 致使
снисхождение 宽容
поправка 改动，修改
извещение о готовности товара к отгрузке 已备货通知书

商务附函
(Сопроводительное письмо к документам)

导语：
　　商务附函是在商务活动中传送商务文件或其他物品时附带的信函（例如，传送合同、协议、货单、意向书和证书等）。商务附函的目的是告知收函方随函发送的附件名称，说明附加内容是商务附函中必要的信息。商务附函本身一般没有标题，也不是必须附加收函方的地址，商务附函中也可以简单说明其他要求和通知等的内容。

Образец 1.

ООО «Прайм»
543200, Россия, г. Новосибирск,
ул. Ленина, 956
http://www.prim.ru

ООО «Беломаш»
Республика Беларусь
210605 г. Витебск,
ул. Буденного, д. 2
Тел/факс: 375 (212) 37-34-31
E-mail: essp@belomash.by

Уважаемый Евгений Станиславович!

　　Направляем Вам подписанный и скреплённый печатью договор № 1211 от 25.11.2012 с протоколом. Протокол просим подписать, скрепить печатью и один экземпляр выслать в наш адрес в течение 10 дней.

　　Приложения: 1. Договор № 1211 в 1 экз.;
　　　　　　　　2. Протокол в 2 экз.

　　С уважением

　　　　Директор ООО «Прайм»　　　　　　Игорь Яковлевич

参考译文（部分）：
尊敬的叶甫盖尼·斯坦尼斯拉沃维奇：
　　现将2012年11月25日签字盖章的合同（№ 1211）以及备忘录寄给贵方，请您

83

将协议书签字盖章并在10天内将其中一份寄给我们。

附：
1. 第1211号合同1份；
2. 协议书2份。

Образец 2.

ООО «Лагуна»   Директору
Россия, г. Москва,   Компании «Хунту»
ул. Некрасовская, 111   Китай, г. Далянь,
Тел.: 7 (495) 222-22-00   ул. Нашань, 223

Уважаемый господин Чжан!

Откликаясь на пожелание, выраженное Вами в предыдущем письме, направляю в Ваш адрес проект соглашения о поставках продукции и взаимных расчётах на 2014 г.

Приложение: Проект соглашения в 1 экз.

С глубоким почтением

Директор ООО «Лагуна»   В.С. Кондратенко

尊敬的张先生：

为了对贵方在上一封信中提出的要求作出回应，现将我们2014年供货及相互结算的协议草案发贵方。

附：协议草案1份。

顺致深深的敬意

Образец 3.

«Инжкомплект»   Фирма «Ляофэн»
Россия, Москва,   Директору У Кэнину
ул. Саратовская, д. 567
Тел.: 7 (495) 485-65-00
E-mai: zinovev@gmail.ru

Уважаемый господин У!

В ответ на Ваше письмо от 27 февраля направляем Вам последний каталог и прейскурант цен.

Последние образцы высылаются отдельной почтой и должны прибыть в течение семи дней. При посылке образцов наша фирма учла Ваши рекомендации.

商务附函 (Сопроводительное письмо к документам) 第10单元

Заверяем Вас, что установленные цены являются сравнительно низкими.

Ждём Ваших вопросов и заказов после просмотра нашего каталога и образцов. Надеемся на плодотворное сотрудничество.

Приложение: 1. Каталог в 1 экз. на 22 л.
     2. Прейскурант в 1 экз. на 35 л.

С уважением
   Генеральный директор   В.В. Зиновьев

参考译文（部分）：
尊敬的吴先生：

现将最新的商品目录和价格单发送给贵方，以此作为对贵方2月27日来信的回复。

最新样品已另行寄出，7天内你们能够收到这些样品。在寄送样品时，我们考虑了贵方的建议。请你们相信，我们所定的价格比较低。

期待你们在看了我们的商品目录和样品以后，能够提出有关问题并且能够订货。希望我们的合作取得丰硕成果。

附：
1. 商品目录1份共22页；
2. 价格单1份共35页。

此致

敬礼

Пояснения:

1. 俄语商务信函中的句子积极使用半实义动词+动名词的结构代替单一的动词，例如производить отгрузку代替отгружать、осуществлять платёж代替оплачивать等。在这种动词与动名词搭配构成的词组中的动词实际意义往往较弱，其在句子中主要承担语法功能，而实际意义一般由动名词承担。这种语言表达方式更强调事件，弱化行为。

2. 在俄语商务函中有时运用по-видимому、по-прежнему、как известно, если возможно等插入语表示知晓程度、状况和条件等语义，同时可以消除绝对语义色彩。

3. 附函中的惯用语：

- Высылаем (направляем, посылаем, возвращаем...) Вам (вам) подписанный с нашей стороны договор (справочную литературу...)...

- ... в приложение с этим пакетом (отдельным пакетом, сегодняшней почтой, отдельной почтовой посылкой) высылаем Вам (вам)...

- В соответствии с дополнительным протоколом (с нашей договорённостью...) высылаем Вам (вам)...

- В подтверждение нашей договорённости (телефонного разговора...) высылаем Вам (вам)...
- Мы прилагаем к письму...

Упражнения и задания:

1. Прочитайте следующие фрагменты писем и отметьте точные ответы к ним.
Фрагмент 1.

> Уважаемые господа!
>
> В соответствии с договорённостями, достигнутыми на переговорах наших представителей 12.05.2005 г., направляем дополнительные предложения, касающиеся рекламы ваших товаров.
>
> Наша компания будет предоставлять вам все образцы подлежащей тиражированию рекламной продукции (проспекты, стенды, плакаты) до начала тиражирования и знакомить вас по вашему требованию с ходом работ по изготовлению рекламы.
>
> Также направляем вам для согласования проект программы работ по рекламе, содержащий сроки выполнения следующих промежуточных этапов:
>
> 1) изготовление образцов;
> 2) проведение их экспертизы;
> 3) начало и окончание тиражирования.
>
> В случае подтверждения вами программы она будет считаться неотъемлемой частью договора.
>
> Надеемся, что вы примите наши предложения и мы завершим подготовку договора в ближайшее время.
>
> Приложение: на 3 л. в 3 экз.
>
> С уважением

1) Отправитель письма направляет предложения
   А. о переговорах.
   Б. на переговорах.
   В. по просьбе потребителей.
   Г. по договорённостям.
2) Отправитель письма направляет проект программы, чтобы
   А. выполнить поэтапные работы.
   Б. выработать согласие после обсуждения с получателем письма.

В. провести экспертизы образцов.

Г. установить тираж.

Фрагмент 2.

> Уважаемые господа!
>
> Мы только что предоставили на рынок наш обогреватель, и прилагаем к письму рекламную литературу, в которой вы найдёте все подробности.
>
> Несомненно, что ваши заказчики оценят возможность приобрести этот замечательный товар, и поэтому мы прилагаем бланк заказа для того, чтобы вы незамедлительно заполнили его и вернули нам.
>
> Вам будет представлена специальная предварительная скидка в 3%, которую мы можем сохранить до 20 сентября.
>
> Приложение: 1. Проспект на 8 л. в 2 экз.
> 2. Бланк заказа на 6 л. в 2 экз.
>
> С уважением

Отправитель письма прилагает бланк заказа, чтобы

А. получатель письма незамедлительно заполнил предстоящий бланк заказа.

Б. получатель письма незамедлительно выполнил предстоящий заказ.

В. получатель письма в нём нашёл подробности о товаре.

Г. потребителям понравился этот товар.

Фрагмент 3.

> Уважаемый господин Фёдоров!
>
> Подтверждаем своё согласие с предложенными Вами сроками сдачи проектной документации в течение полугода с даты подписания договора и начала первого этапа работ в течение последующего года. Мы включили эти сроки в договор.
>
> Направляем Вам экземпляры договора, подписанные со стороны нашей фирмы, и будем признательны за скорейшее возвращение экземпляра, подписанного со стороны Вашей фирмы.
>
> Приложение: Договор на 26 л. в 2 экз.
>
> С уважением

Отправитель письма включил сроки

    А. сдачи проектной документации и первого этапа работ.

    Б. действия предложения.

    В. направления договора.

    Г. возвращения договора.

2. Переведите следующие предложения с русского языка на китайский.

1) Представляем вам на доработку проект контракта.
2) Отправляем вам проект контракта № 09/13 на поставку спецодежды от 16.10.2013 с приложениями.
3) Высылаем запрошенные вами дополнительные технические данные, касающиеся сельскохозяйственных машин и оборудования.
4) В подтверждение нашего телефонного разговора, состоявшегося 12 марта 2014 г., высылаем вам подробное описание кондиционеров.
5) В подтверждение нашей договорённости высылаем вам подписанное с нашей стороны заверённое печатью дополнение к контракту № 403 от 27.02.2013 г.
6) Препровождаем с настоящим письмом оригинал коносамента, сертификат качества, страховой полис и спецификацию на отгруженное вам оборудование.
7) В соответствии с нашей договорённостью направляем вам номенклатуру пиломатериалов, которые наша фирма может поставить в первом полугодии 2015 года.
8) В прайс-листе мы назначили цены на товары, которые могут быть поставлены со склада.

3. Переведите следующие предложения с китайского языка на русский.

1）请给上述单据签字盖章，并将其中的一份单据寄给我们。
2）随信附2013年5月12日签订的购买农用化肥的第235号合同正本两份。
3）按照意向书的要求，现将我们的医疗仪器价格单发送给贵方。
4）现将我们已经签字的相互合作协议发送给贵方。
5）现将2014年10月21日签订的提供建材的两份合同草案寄给贵方。
6）现将我们最新的货单和价格单发送给贵方，以此作为对贵方8月22日来信的回复。
7）现在随信将生产厂提供的发票、装箱单和品质证书寄给贵方。
8）根据预先达成的协议，现将所发货物的原产地证书寄给你们，以便贵方办理海关手续。

4. Переведите следующие фрагменты писем с русского языка на китайский.

Фрагмент 1.

Уважаемый господин Ларин!

Возвращаем в Ваш адрес второй экземпляр подписанного дополнительного соглашения № 1 к договору на 2012 г. Подтверждаем, что данное соглашение рассматривается нами в качестве неотъемлемой части указанного договора.

Приложение: Дополнительное соглашение № 1 к договору на 2012 г., на 2 листах.

С уважением

Фрагмент 2.

Уважаемый Роман Александрович!

Направляем Вам подписанные со стороны ОАО «Корона» акты выполненных работ по договору подряда № 398/05 от 10 мая 2013 года.

После подписания актов выполненных работ просим направить один экземпляр в адрес нашей стороны.

Приложение: Акты на 2 л. в 2 экз.

С уважением

Фрагмент 3.

Уважаемый господин Чжу!

Направляем Вам по факсу Дополнение № 2 от 08.07.2013 г. к контракту № 37/09 от 5 мая 2013 года (на дополнительную поставку ацетилсалициловой кислоты). После получения нашего факса необходимо сделать две копии, подписать их, поставить Вашу печать и два экземпляра срочно послать нам по почте. После их получения, мы Вам вернём один экземпляр с нашей подписью, заверенной печатью.

Приложение: Дополнение № 2 к Контракту № 37/09 на 2 л. в 2 экз.

С уважением

5. Переведите следующие фрагменты писем с китайского языка на русский.

Фрагмент 1.

> 尊敬的伊万诺夫先生：
> 现将已签字盖章的合同寄给贵方，请贵方给合同签字盖章并于7日内寄给我们。
> 附：第305号合同2份共12页。
> 此致
> 敬礼

Фрагмент 2.

> 尊敬的斯米尔诺夫先生：
> 现将两份2014年9月20日签订的锯材供货合同草案寄给贵方，请贵方在合同上签字盖章并在10日内将其中的一份寄给我们。
> 附：合同2份共20页。
> 此致
> 敬礼

Фрагмент 3.

> 尊敬的阿纳托利·米哈伊洛维奇：
> 我们愉快地随信附上我们的报价单以及最新的备件目录单，以此作为对贵方2013年11月3日询盘的回复。
> 我们在发盘中注明的价格有效，但是请尽快将贵方的订单寄给我们。
> 产品的样品将另行寄送。
> 希望继续进行我们的合作。
> 附：
> 1. 报价单1份；
> 2. 备件目录单1份。
> 此致
> 敬礼

6. Напишите письма по следующим требованиям.

1) Выполните поручение директора вашей фирмы, который попросил вас составить сопроводительное письмо для отправки вашим постоянным партнёрам следующих материалов и документа.

Материалы:
  А. описание образцов новой продукции;
  Б. последний каталог;
  В. новый прейскурант.
Документ:
  железнодорожная накладная

2) Ваша организация в партнёрстве с ООО «Строймонтаж» планирует строительство торгового центра. Вы отсылаете своему партнёру проект договора о сотрудничестве и предварительную смету на строительство. Напишите сопроводительное письмо. Попросите подтверждения в получении.

Слова и словосочетания

подлежащий 应当……的	кондиционер 空调器
тиражирование 规定印刷数量	заверить 证实
обогреватель 加热器，加温器	номенклатура 品种
доработка 补充加工，修正	ацетилсалициловая кислота 乙酰水杨酸
спецодежда 工作服，工装	смета 预算

提示函
(Письмо-напоминание)

导语:
　　提示函是在贸易伙伴未履行自己承担的义务时提示其有可能违反在规定期限内承担的义务。提示函除了包括提示的内容以外，有时还包括请求对方尽快履行义务的内容。提示函还可以向对方提供解释和确定发函方立场和观点以及对方不清楚的新的补充信息。在个别情况下，或当情况比较严重时，提示函的发函方可以提示对方，如果违反自己承担的义务，可能受到相应的惩罚。

Образец 1.

ООО «АБВ»
ИНН 7722114411
ОКПО 82010101
10111 Москва, ул. 99
Тел.: 7 (495) 888-33-22
О выполнении условий договора
поставки от 28 декабря 2011 № 121

Генеральному директору
ООО «БелТрейд Лтд»
Осипову И. С.

Уважаемый господин Осипов!

　　В соответствии с контрактом поставки от 28 декабря 2011 № 121 Ваше предприятие должно поставлять в наш адрес холодильники различного ассортимента в течение 2012 года ежемесячно, начиная с марта 2012 года, равными партиями, однако партия холодильников в количестве 180 штук, в марте текущего года до настоящего времени не отгружена в наш адрес.

　　Напоминаем Вам, что конечной датой отгрузки холодильников является 31 марта 2012 года.

　　Убедительно просим Вас срочно обеспечить отгрузку холодильников, в противном случае мы вынуждены в соответствии с пунктом 6.4 контракта предъявить штрафные санкции в размере 0,01% от общей стоимости договора за каждый день просрочки.

С уважением
Директор ООО «АБВ»　　　　　　　　　　М.А. Федотов

参考译文（部分）：

尊敬的奥西波夫先生：

　　根据2011年12月28日签订的第121号供货合同的要求，贵企业应该自2012年3月起，在2012年内每月以相同的批量向我们提供不同类别的冰箱。但是，今年3月的一批数量为180台的冰箱至今未发给我们。

　　现提示贵方，冰箱发运的最迟日期为2012年3月31日。

　　恳请贵方尽快发运冰箱，否则我们将被迫根据合同第6.4条的要求，每超期一天向贵方征收合同总值0.01%的罚金。

　　此致

敬礼

Образец 2.

ЗАО «Вест-трейтинг»　　　　　　Заместителю директора по сбыту
107000, Россия, Москва, ул. Мира, д. 001　　Вань Фэну
Тел.: 7 (495) 982-22-22
Факс: 7(495) 999-22-22
E-mail: vesttorg@gmail.ru

Уважаемый Вань Фэн!

　　Напомним Вам о задержке оплаты поставленного химических продуктов. Уже прошло 10 дней после того, как мы направили Вам отгрузочные документы по факсу.

　　В соответствии с пунктом 6.4 контракта № 1309 через пять банковских дней начинается начисление пени за просрочку платежа.

　　Мы надеемся, что Вы незамедлительно решите этот вопрос.

С уважением
　　　Директор фирмы　　　　　　　　　О.С. Ефремова

参考译文（部分）：

尊敬的万峰：

　　现提醒贵方，自我们通过传真将发运单据发给贵方已经过去10天了，而贵方仍未及时支付我们提供的化工产品的货款。

　　根据第1309号合同的第6.4条的规定，5个银行工作日之后开始加算超期支付的罚金。

　　我们希望贵方立即解决这个问题。

　　此致

敬礼

Образец 3.

ЗАО «Юничел»
Россия, Хабаровск,
пер. Казарменный,
д. 9915
тел.: 7 (4212) 40-04-02
E-mail: habar@mail.ru

«Харбинавтошина Лтд»
Директору Чэнь Ли
150090, КНР, г. Харбин,
район Наньган,
пр. Хунцидацзе, 800

Уважаемая г-жа Чэнь!

Мы обращаемся к Вам, чтобы напомнить, что в течение 30 дней Вы не оплатили наш счёт № 378 на сумму 5000 долларов США.

Если у Вас есть проблемы с этим счётом, то, пожалуйста, немедленно позвоните мне.

Спасибо за Ваше незамедлительное внимание к этому вопросу.

Искренне Ваш

Заместитель директора по продаже　　　　　　　　В.И. Зернецкий

参考译文（部分）：

尊敬的陈女士：

我们想提醒贵方，贵方未在30天之内支付我们第378号发票项下的5000美元。

如果贵方在支付该发票过程中出现了问题，请尽快打电话给我。

如果贵方能尽快解决该问题，我们将不胜感谢。

您真诚的朋友

Пояснения:

提示函中使用的惯用语：

- Напоминаем (предупреждаем...) Вам (вам) о...
- Напоминаем, что ...
- Вторично напоминаем Вам (вам)...
- Обращаем Ваше (ваше) внимание на то, что...
- Считаем необходимым обратить Ваше (ваше) внимание на...
- Считаем необходимым уведомить...
- Ставим Вас (вас) в известность, что...
- В противном случае мы оставляем за собой право...
- Убедительно (настоятельно) просим...
- Требуем от Вас (вас)...
- Мы настаиваем на...
- Хотели бы напомнить Вам (вам) о...
- Полагаем настоятельно необходимым напомнить...

提示函 (Письмо-напоминание) 第11单元

- Вынуждены официально предупредить…
- Настоящее напоминание имеет целью…
- Данное напоминание служит для…
- Это предупреждение носит официальный характер и направлено на…
- Напоминая об этом, просим…
- …согласно договору… Ваше (ваше) предприятие должно…
- …Ваша (ваша) задолженность по оплате … составляет…
- …срок оплаты … истекает…
- …в соответствии с … Вы (вы) должны… и т. п.
- Несмотря на неоднократные напоминания …
- …Ваша (ваша) фирма до сих пор не представила…
- Позвольте мне напомнить Вам (вам) о моём письме от…
- Просим в …-дневный срок подтвердить …
- Просим Вас (вас) письменно подтвердить получение данного напоминания…
- Настоятельно просим Вас (вас) письменно ответить на настоящее напоминание…
- При неполучении Вашего (вашего) ответа…
- … продукция будет отправлена другим потребителям…
- … Ваш (ваш) заказ будет аннулирован…
- … в противном случае мы будем вынуждены…
- … подать на Вас (вас) иск…
- … передать… на рассмотрение суда…
- Мы до сих пор не получили…

Упражнения и задания:

1. Прочитайте следующие фрагменты писем и отметьте точные ответы к ним.
Фрагмент 1.

О выполнении условий договора поставки от 11.12.2006 № 8/17
Уважаемые господа!

В соответствии с договором поставки от 11.12.2006 № 8/17 ваше предприятие взяло на себя обязательства поставлять в наш адрес железобетонные изделия различного ассортимента в течение 2007 г. ежемесячно, начиная с февраля месяца, равными партиями. Однако партия изделий в количестве 840 шт., предназначенная для поставки в феврале месяце текущего года, до настоящего времени не оформлена для отгрузки в наш адрес.

Напоминаем вам, что конечной датой отгрузки изделий является 28.02.2007.

Убедительно просим вас срочно произвести отгрузку изделий. В противном случае, мы будем вынуждены в соответствии с п. 3.5 договора предъявить штрафные санкции в размере 0,01% от общей стоимости договора за каждый день задержки.

С уважением

По договору получатель письма должен поставить изделия
А. ежемесячно, начиная с февраля 2007 года.
Б. ежегодно, начиная с февраля 2007 года.
В. в течение 2007 года.
Г. в феврале 2007 года.

Фрагмент 2.

Уважаемые господа!

Извините, что опять вынуждены побеспокоить вас, но, к сожалению, мы не получили никакого ответа на наши предыдущие напоминания. Мы огорчены тем, что ваша фирма так небрежно отнеслась к нашим просьбам, хотя мы со своей стороны всегда чётко придерживались условий контракта и качественно выполняли все ваши заказы. Несмотря на неоднократные напоминания и принятые меры, ваш долг не только остаётся непогашенным, но и продолжает расти, поэтому считаем необходимым сообщить вам о своём намерении расторгнуть контракт.

Очень жаль, но мы не видим другого выхода из этой досадной ситуации.

С уважением

Отправитель письма информирует о
А. своих напоминаниях.
Б. своих просьбах.
В. долге получателя письма.
Г. досадной ситуации.

提示函 (Письмо-напоминание) 第11单元

Фрагмент 3.

Уважаемые господа!

Письмом № 197 от 24.06.2008 мы сообщали вам, что в связи с увеличением производственной мощности наш завод имеет возможность дополнительно изготовить и поставить вашему предприятию в 2008 г. различные химические продукты в сумму до 1 млн. долл. США. Однако до настоящего времени ответа мы не получили.

Напоминая об этом, просим в 10-дневный срок подтвердить ваше согласие на получение указанных химических продуктов.

При неполучении вашего ответа в 10-дневный срок указанная продукция будет нами поставлена другим китайским партнёрам.

Приложение: Копия письма № 197 от 24.06.2008 на 1 л. в 1 экз.

С уважением

Отправитель письма информирует о

А. своей возможности поставки химических продуктов.

Б. сумме химических продуктов.

В. сроке подтверждения заказа химических продуктов.

Г. поставке химических продуктов другим китайским партнёрам.

2. Переведите следующие предложения с русского языка на китайский.

1) В случае невыполнения взятых на себя обязательств вам будут предъявлены штрафные санкции.

2) К сожалению, вынуждены снова напомнить вам, что до сих пор не получили от вас извещение о готовности к отгрузке товара.

3) Напоминаем, что согласно договору № 2654 ваше предприятие должно было закончить работы по электроснабжению к 10.05.2013.

4) Напоминаем вам, что срок поставки продукции в соответствии с контрактом № 023 от 03.12. 2011 истёк 31.12.2011.

5) Просим вас обратить особое внимание на то, что у вас есть задолженность на сумму 95 тысяч долл. США.

6) Считаем нужным напомнить вам, что согласно контракту комиссионное вознаграждение должно выплачиваться до конца этого месяца.

7) Полагаем, что эта неуплата является лишь упущением, и надеемся, что вы устраните её в течение недели.

8) Напоминаем о нашем предложении поставить оборудование по производству керамической плитки и просим в 10-дневный срок

подтвердить своё согласие или отказ от приобретения данного оборудования.

3. Переведите следующие предложения с китайского языка на русский.

1）我们必须再次提示贵方注意我们的合同条款。
2）很遗憾地提示贵方，到目前为止还没有收到贵方对我们询盘的回复。
3）请贵方在最短的时间内书面确认是否收到本提示函。
4）根据当前的情况，必须告知贵方，我们打算解除与贵方签订的合同。
5）我们提示贵方，该批金属切削工具价格的确认期限为5个工作日。
6）现提醒贵方，根据2012年3月12日签订的24/15号合同的规定，贵方需要在2012年12月1日前完成设计方案。
7）否则，我们对直接和间接损失不承担责任。
8）请允许提示贵方，货物的保险费是23000欧元，它由买方承担。

4. Переведите следующие фрагменты писем с русского языка на китайский.

Фрагмент 1.

Уважаемые господа!
    Мы вынуждены снова напомнить вам о большой задолженности нашей фирме, которая продолжает расти. Мы всегда пытались понять ваши финансовые трудности, однако на этот раз задолженность превышает все предыдущие, а срок оплаты давно минув.
    Надеемся, вы понимаете, что мы не можем больше пренебрегать интересами нашей фирмы, а потому вынуждены подать иск в суд.
    Очень жаль, что наше сотрудничество оказалось неудачным.

    С уважением

Фрагмент 2.

Уважаемый Дмитрий Викторович!
    Напоминаем Вам, что в соответствии с контрактом поставки от 01.05.2012 № 5/12 Ваше предприятие взяло на себя обязательства поставлять в наш адрес туристическое снаряжение различного ассортимента в течение

года ежемесячно, начиная с 1 мая 2012 года. Однако до настоящего времени мы не получили отгрузочные документы, предназначенные для поставки партии снаряжения в ноябре месяце текущего года.

С уважением

Фрагмент 3.

Уважаемый господин Чжан!

Остаток в 35 тысяч долларов США по контракту № 2-01 должен был быть оплачен до 11 октября. Просрочка составляет сейчас пять недель. Наш контракт предусматривает полную оплату в течение 30 дней.

Это второе напоминание. Возможно, Вы просто не заметили нашего счёта. Пожалуйста, оплатите счёт полностью как можно скорее.

С уважением

5. Переведите следующие фрагменты писем с китайского языка на русский.
Фрагмент 1.

尊敬的孙先生：
　　请允许我们通知贵方，我们公司尚未收到2004年6月30日的第454号发票的项下的支付款。
　　我们曾以电话、传真、电子邮件多种方式屡次告知贵方。但是，我们至今尚未收到贵方的付款通知，对此表示遗憾。
　　此致
敬礼

Фрагмент 2.

尊敬的各位先生：
　　现提示贵方，产品发运的截止日期为2012年11月30日。
　　请贵方务必按时发货，否则我们将按照合同第3.6条的规定进行索赔，赔偿金额为每逾期一天支付合同总值的0.02%。
　　此致
敬礼

Фрагмент 3.

> 尊敬的各位先生：
>   现提示贵方，根据2013年1月12日的第1309号合同规定，贵公司应在2013年12月1日之前完成设备的安装工作。否则，我们将被迫采取制裁措施。
>   此致
> 敬礼

6. Составьте письма по следующим требованиям.

   1) Составьте письмо-напоминание об окончании срока поставки пиломатериала из России в Китай по подписанному контракту.

   2) Составьте письмо-напоминание иностранному контрагенту о выполнении условий контракта (в случае задержки отгрузки товара экспортёром или оплаты продукции импортёром и т.д.).

Слова и словосочетания

водяной насос 水泵	расторгнуть 解除
пивоварение 酿造啤酒	электроснабжение 电力供应
начисление 加算	задолженность 负债，欠款
пеня 滞纳金	упущение 遗漏
скорректировать 修正，改正	минуть 时间过去
железобетонный 钢筋混凝土的	пренебрегать 忽视，不在意
ассортимент 品种	иск 诉讼
штрафные санкции 罚款制裁	снаряжение 装备
непогашенный 未清偿的	пиломатериал 木材，锯开的木材

索赔与理赔函
(Письмо-рекламация и ответ на него)

导语：
　　索赔与理赔信函是一种提出赔偿以及处理赔偿的信函。商务活动中的索赔主要包括未支付所购买的商品、供货延迟、收到的商品已经受损、商品在使用过程中出现非人为因素的故障等情况。索赔函中需要简述违约的事实、说明索赔的理由、陈述对方违约给自己带来的损失，提出具体索赔要求。理赔的内容主要是针对索赔的要求说明是否接受索赔、解决索赔的办法以及拒绝索赔的依据。

Образец 1.

ООО «Арт Компакт»　　　　　　　　　　　　　　«Тэн Ли» Лтд
Россия, Москва,　　　　　　　　　　　Китай, 510000 г. Гуанчжоу
Саратовская 567　　　　　　　　　Телефон: 86 (20) 88-98-88-98
Телефон: 7 (495) 777-77-77　　　　　　Факс: 86 (20) 88-98-88-89
Факс: 7 (495) 777-77-78　　　　　　E-Mail: aiabo@aiabo.com.cn
E-mail: bbdecor@mail.ru

　　　　　　　　　　　　Уважаемые господа!
　　Мы получили ваше письмо-рекламацию от 25. 04. 2010 г. Мы приносим свои извинения за повреждённый товар, поставленный по контракту № 213. Однако сообщаем, что повреждение товара произошло по вине перевозчика, поэтому считаем, что вам следуем предъявить претензию фирме-перевозчику.

　　С уважением
　　　　Директор　　　　　　　　　　　　　　　　В.С. Жуков

参考译文（部分）：
尊敬的各位先生：
　　贵方于2010年4月25日发出的索赔函我们已经收到。我们对第213号合同项下的商品受到损坏表示歉意，但是我们告知贵方，商品是由于承运人的过错而造成损坏，因此我们认为贵方应该向承运人提出索赔。
　　此致
敬礼

Образец 2.

ООО «Реал»	Беларусь, г. Минск,
Россия, 115088, г. Москва,	ул. Сторожёвская, 015
ул. Угрешская, дом 2	Генеральному директору
Тел.: 7 (495) 679-99-99	ЗАО «Северный плюс»
Факс: 7 (495) 699-99-96	Малахову А.А.

Уважаемый Александр Александрович!

Сообщаю, что представленная Вами рекламация рассмотрена. К сожалению, факты, изложенные в ней, подтвердились.

Я искренне огорчён случившимся и надеюсь, что данное событие не повлечёт за собой неблагоприятных последствий для перспектив нашего сотрудничества.

С уважением

Директор ООО «Реал»   Галина Борисовна

参考译文（部分）：
尊敬的亚历山大·亚历山大罗维奇：
　　现告知贵方，我们已经研究了贵方提出的索赔要求，索赔要求中提出的情况属实，对此表示遗憾。
　　我对出现的问题感到十分痛心，我希望此次事件不会对双方以后的合作产生消极影响。
　　此致
敬礼

Образец 3.

ЗАО «Кольмек»	Китайская компания «Тен Ши»
Россия, 443022, Самара,	Директору Лян Юаньжи
пр. Кирова, 24	
03.10.2012	
№ 50-279/561	

О рекламации на партию недоброкачественного кофе по контракту № 132

Уважаемый господин Лян!

Сообщаем, что мы, к сожалению, не можем принять Вашу последнюю партию кофе, отгруженную Вами 09.04.2012 г. по цене, указанной в Вашем счёте. Качество товара оказалось значительно ниже качества образцов, на базе которых был заключён контракт.

Вам должно быть известно, что согласно контракту мы имеем право отказаться от некондиционного товара. Однако, учитывая наши длительные деловые связи, в виде исключения мы готовы принять эту партию, но при условии, что Вы снизите цену, указанную в Вашем счёте, на 12%.

Мы надеемся, что Вы согласитесь предоставить нам эту скидку. Просим сообщить нам Ваше решение как можно скорее.

С уважением
  Коммерческий директор   Л. Н. Шишаков

参考译文（部分）：
尊敬的梁先生：

  现告知贵方，由于贵方于2012年4月9日发来的最后一批咖啡的品质比签订合同时采用的样品的品质差很多，我们无法按照贵方发票中的价格接受该批货物，对此表示遗憾。

  贵方应当清楚，根据合同的规定，我们有权拒收品质不符合标准的货物，但考虑到我们有长期业务合作关系，如果贵方将发票中的价格降低12%，我们就准备接受这批货物。

  我们希望贵方接受我们提出的降价要求并请尽快将贵方的决定通知我们。

  此致

敬礼

Пояснения:

1. 俄语商务信函中前缀"не"与其他词汇，特别是动名词构成新的词汇的现象比较常见。例如 недопоставка、недостача、неиспользованный等。这种词汇不但意义明确，而且简洁，符合语言表达追求节俭的规律。

2. 索赔与理赔函中使用的惯用语：

- (Мы официально) заявляем Вам (вам) рекламацию на...
- Исходя из ..., мы заявляем претензию...
- В связи с вышеизложенным Вам (вам) начислен штраф за...
- Согласно пункту № 4 Договора Вы (вы) должны поставить (допоставить) нам...
- Вы должны направить Ваше (ваше) требование...
- Направляем Вам (вам) претензию на...
- Предъявляем Вам (вам) претензию (рекламацию) в связи с...
- Мы предъявляем претензию по качеству товаров...
- На основании коммерческого акта мы предъявляем претензию ...
- Высылаем Вам (вам) акт экспертизы от... №..., из которого следует, что...
- В партии товара, отгруженной... обнаружена недостача...
- При приёмке товара, поступившего... по накладной №... была

установлена недостача...
- В соответствии с договором... Вами (вами) нарушен пункт №...
- К нашему большому сожалению, сообщаем Вам (вам), что...
- К сожалению, мы должны сообщить Вам (вам)...
- ... в противном случае к Вам (вам) будут предъявлены штрафные санкции (дело будет передано в арбитражный суд)...
- В соответствии с вышеизложенным просим Вас (вас) заменить дефектный товар новым (отправить нам новую партию товара; допоставить недостающий товар; возместить стоимость повреждённого товара; возместить убытки; предоставить скидку с цены; перечислить на наш расчётный счёт сумму в ..., компенсировать расходы в сумме...)...
- После изучения Вашей (вашей) жалобы мы вынуждены признать, что...
- Вы совершенно правы в том, что...
- К сожалению, мы не можем заменить..., поскольку...

Упражнения и задания:

1. Прочитайте следующие фрагменты писем и отметьте точные ответы к ним.
Фрагмент 1.

> Уважаемая Юй Ли!
> Фирма «Метизторг» приносит Вам свои искренние извинения в связи с ненадлежащим исполнением обязательств по контракту № 06, подписанному 23 сентября 2013 г. в г. Даляне.
> Уверяем Вас, что задержки в поставке комплектующих изделий, имевшие место в октябре текущего года, носили временный характер и произошли по причинам, не зависящим от деятельности нашей фирмы.
> Позвольте, уважаемая Юй Ли, выразить Вам наше огорчение в связи с этим неприятным фактом.
> Мы надеемся, что этот досадный случай не отразится на перспективах нашего делового сотрудничества.
> Мы также хотели бы заверить Вас в том, что руководство «Метизторг» приложит необходимые усилия к тому, чтобы исключить повторение подобных случаев.
>
> С уважением

Фирма «Метизторг» просит извинения у покупателя из-за
   А. ненадлежащего количества товара.

索赔与理赔函 (Письмо-рекламация и ответ на него) 第12单元

Б. оплошности своих сотрудников.
В. ненадлежащей упаковки комплекта изделий
Г. отсрочки поставки товара.

Фрагмент 2.

О рекламации на недостачу товаров по контракту № 399
Уважаемые господа!
   С сожалением сообщаем вам, что количество рулонов упаковочной бумаги, отгруженных вами 25 февраля этого года в контейнерах в счёт контракта № 399, не соответствует контракту и железнодорожной накладной № 365. При приёмке товара была обнаружена недостача шести рулонов в контейнере № 520. Недостача рулонов была установлена в исправном контейнере за исправными пломбами. Мы считаем, что недостача произошла по вине поставщика.
   Прилагаем акт приёмки № 195, из которого следует, что количество рулонов не соответствует контракту.
   Просим вас со следующей партией допоставить недостающее количество рулонов или перевести его стоимость на наш расчётный счёт. Просим сообщить нам о вашем решении.

   С уважением

Приложение: 1. Акт приёмки № 195 в 1 экз.
            2. Упаковочный лист в 1 экз.
            3. Железнодорожная накладная № 365 в 2 экз.

Покупатель считает, что количество поставки товара не соответствует контракту и железнодорожной накладной, потому что
   А. покупатель не открывал контейнер.
   Б. на железнодорожной накладной отмечена недостача товара.
   В. покупатель хочет ещё побольше получить товар.
   Г. акт приёмки свидетельствует о недостаче товара.

Фрагмент 3.

Уважаемые господа!
   Получили ваше письмо от 30 мая этого года, в котором предъявляете нам претензию в связи с задержкой пуска станции в эксплуатацию, и требуете уплату неустойки.

В связи с этим хотели бы напомнить вам следующее:

В соответствии с контрактом вы обязаны были передать нам площадку под строительство в течение одного месяца с даты подписания контракта. Однако вы задержали передачу площадки на 3 месяца, что задержало начало выполнения строительных работ.

Кроме того, в ходе выполнения контракта в связи с неоднократным нарушением вами контрактных обязательств возникли серьёзные трудности.

Несмотря на то, что к настоящему моменту прошло только три месяца с даты истечения контрактного срока, станция готова к приемным испытаниям.

Учитывая вышеизложенное, считаем вашу претензию необоснованной и просим отозвать её.

С уважением

1) По контракту получатель письма должен передать площадку под строительство

 А. до 30-го мая этого года.

 Б. в течение месяца с даты подписания контракта.

 В. в течение трёх месяцев с даты подписания контракта.

 Г. после начала выполнения строительных работ.

2) Отправитель письма не принимал претензию, потому что

 А. получатель письма не уплатил ему неустойку.

 Б. получатель письма задержал начало выполнения строительных работ.

 В. станция уже готова к эксплуатации.

 Г. получатель письма отсрочил передачу строительной площадки и много раз нарушал условия контракта.

2. Переведите следующие предложения с русского языка на китайский.

1) В этих условиях мы думаем, что вы согласитесь на бесплатную замену неисправного аппарата.

2) Мы намерены прийти к разумному компромиссу и заменить повреждённые детали по 25 долларов.

3) Надеемся, что вы расцените это как приемлемое решение проблемы.

4) С сожалением сообщаем вам, что осмотр товара показал, что он не соответствует представленным образцам.

5) Просим разобраться в этом деле и выслать нам недостающие два прибора экспресс-доставкой.

6) Мы были разочарованы узнать, что в ящике находилось только 10

索赔与理赔函 (Письмо-рекламация и ответ на него) 第12单元

комплектов деталей, тогда как было заказано 12.

7) Мы с сожалением узнали из вашего письма от 23 января 2014 года, что один ящик груза прибыл в сильно повреждённом состоянии.

8) Надеемся, что это досадное недоразумение никаким образом не скажется на наших хороших давних отношениях.

3. Переведите следующие предложения с китайского языка на русский.
1) 由于所提供的货物数量不足，我们向贵方提出索赔。
2) 作为对贵方损失的补偿，我们愿意提供发票总额9%的折扣。
3) 我们保留要求更换受损货物的权利。
4) 如果在规定期限内未支付这笔款项，我们将被迫提出仲裁。
5) 我们公司将尽力改正所提出的全部缺陷。
6) 我们坚持无偿更换受损的货物。
7) 我们的最后一批女靴受到索赔，对此深表遗憾。
8) 经过审查贵方提出的理由后，我们确信贵方的索赔要求完全合理。

4. Переведите следующие фрагменты писем с русского языка на китайский.
Фрагмент 1.

Уважаемая г-жа Тарасова!

Ваше письмо от 6 мая 2012 года по поводу поставки некачественного товара было направлено мне. Я внимательно изучаю эту ситуацию, и надеюсь её быстро разрешить. Когда вопрос будет рассмотрен, я дам Вам письменный ответ или позвоню по телефону.

Уверяю Вас, что мы очень серьёзно воспринимаем Вашу претензию. Вы для нас ценный партнёр, и любое неудовольствие с Вашей стороны свидетельствует о том, что существует необходимость улучшения работы с нашей стороны.

Если для решения вопроса мне потребуется больше информации от Вас, я свяжусь с Вами.

Спасибо за Ваше терпение.

Искренне Ваш

Фрагмент 2.

Уважаемый Чжан Цзюнь!

Сообщаем Вам, что станок № 40 по контракту № 509 получен нами в срок, оговоренный контрактом. Однако мы вынуждены выразить своё сожаление по поводу того, что при сборке и наладке станка обнаружилось множество незначительных дефектов, что затруднило пуск станка.

Просим Вас заменить данный станок другим согласно техническим условиям контракта. Мы согласны оставить его у себя, если Вы предоставите скидку в 20% с его стоимости.

С уважением

Фрагмент 3.

Уважаемые господа!

К сожалению, мы должны сообщить вам, что последняя партия женских сапог прибыла с опозданием на 15 дней против установленного в контракте срока. Вследствие этого было невозможно пустить эту партию в предрождественскую и предновогоднюю продажу. Таким образом, опоздание поставки принесло нам значительный убыток в товарообороте. Мы вынуждены заявить вам рекламационную претензию на снижение цены вашей счёт-фактуры на 9% за просрочку поставки.

Просим вас рассмотреть нашу претензию и перевести вышеуказанную сумму на наш счёт в возможно короткий срок.

С уважением

5. Переведите следующие фрагменты писем с китайского языка на русский.
Фрагмент 1.

尊敬的梅姆力克(Мымрык)先生：
　　我们未能及时发运货物，对此表示遗憾。由于延误发运货物，我们请贵方接受我们的歉意。当然，我们将承担有关责任，并按照第486号合同的规定支付相应的违约金。
　　我们能够于本月底之前发运货物。
　　此致
敬礼

索赔与理赔函 (Письмо-рекламация и ответ на него) 第12单元

Фрагмент 2.

> 尊敬的各位先生：
> 　　我们已于今日收到货物，但很遗憾地通知贵方，其中一箱货物受损严重。我们专业人员认为，箱子中的仪器已经损坏。
> 　　随函附上商品损坏证明。我们认为，由于贵方办理了货物保险，贵方能自行处理这个问题。
> 　　此致
> 敬礼

Фрагмент 3.

> 尊敬的各位先生：
> 　　很感谢贵方能够及时履行我们的合同。但是，我们必须通知贵方，我们发现在第5号箱中有一些产品与合同条款的要求不符。
> 　　请贵方立即组织发运我们所需的产品。
> 　　随函附上第5号箱产品目录。
> 　　此致
> 敬礼

6. Составьте письма по следующим требованиям.

　　1) Составьте письмо-рекламацию на ЗАО «Фарфорист», приславший вам некомплектный товар, о чём был составлен акт, подписанный представителями вашей фирмы и фирмой-посредником ООО «Дальперевозки». Потребуйте замены, и предупредите об отказе от продления контракта.

　　2) Составьте письмо-рекламацию по поводу ненадлежащего исполнения экспортёром условий поставки, предусмотренной контрактом.

　　3) Составьте письмо-рекламацию по поводу ненадлежащего качества поставленной машинотехнической продукции иностранным контрагентом. Составьте ответ на данную рекламацию.

Слова и словосочетания

письмо-рекламация 索赔函，索赔书	последствие 后果，影响
повредить 损坏，损害	некондиционный 不符合条件的，不合格的
огорчить 使伤心，使不快	

ненадлежащий 不适当的
недостача 不足，不够
исправный 完好的
пломба 铅封
акт приёмки 交接证书
пуск (чего) в эксплуатацию （某物）投入使用
неустойка 违约罚金

необоснованный 无根据的
неисправный 有故障的，损坏了的
компромисс 妥协，互让
наладка 调试
дефект 缺陷，故障
убыток 损失
товарооборот 商品流转，商品周转

代理业务函
(Письмо об агентских услугах)

导语：
　　代理业务函涉及商务活动中的委托人授权代理人代表自己开展商务活动的内容，其中常见的具体内容包括代理地区、代理期限、代理的商品、代理方与委托人的权利以及其他与代理合同有关的问题。

Образец 1.

Комбинат «Гидропресс»
Россия, Москва,
ул. Марксистская, д. 22/22
Тел.: 7 (495) 444-44-00
Факс: 7 (495) 444-55 -55
petrovgidr@gmail.ru

ООО «Вэйхайприбор»
Генеральному директору
Ван Хуну

Уважаемый Ван Хун!

　　Ссылаясь на переговоры, проходившие в Даляне в апреле этого года между коммерческим директором Вашей фирмы Ли Вэйчи и нашим представителем Алексеем Петровичем, с удовольствием подтверждаем, что готовы действовать в качестве агентов по продаже Вашего оборудования в России.

　　Прежде чем отправьте нам проект агентского соглашения по электронной почте.

　　Надеемся, что соглашение будет взаимовыгодным и откроет пути к дальнейшему сотрудничеству.

С уважением
　　　　Генеральный директор　　　　　　　　　　И.И. Петров

参考译文（部分）：
尊敬的王宏：
　　根据今年4月贵方商务经理李伟奇与我们的代表阿列克谢·彼得罗维奇在大连的谈判结果，现愉快确认，我们准备作为贵方在俄罗斯的代理人销售贵方的设备。

请贵方先将代理协议草案通过电子信箱发送给我们。
我们相信，即将签订的代理协议将为双方的进一步互利合作开辟道路。
此致
敬礼

Образец 2.

ЗАО «Сибрыбторг»
630010, Россия, Новосибирск,
ул. Арбузова, 8/98
Телефон: 7 (383) 332-19-50
E-mail: cibrt@mail.ru

ООО «Тяньцзиньторг»
Генеральному директору
Ван Линь

Уважаемый Ван Линь,

После вчерашней встречи сообщаем, что согласны представлять Ваши интересы при продаже данной партии рыбопродуктов.

Наши комиссионные составляют 0,5% от окончательной цены и выплачиваются после продажи. В ближайшее время Вас посетит один из наших сотрудников, и Вы сможете обсудить все детали.

Наша компания приложит все усилия к тому, чтобы добиться быстрой продажи товара.

С уважением
Генеральный директор   М.А. Марков

参考译文（部分）：
尊敬的王林：
现告知贵方，经过我们昨天的会晤以后，我们同意代表贵方销售该批渔业产品。
我们的佣金是最终销售价格的0.5%，我们要求在货物售出以后支付。我们的一名业务人员将在最近到贵方访问，届时你们可以讨论所有细节问题。
我们公司将竭尽全力，尽快销售所代理的货物。
此致
敬礼

Образец 3.

ООО «Стройсервис»
Россия, Москва,
ул. Полянская, 22
Тел.: 7 (495) 200-00-10

Торгово-экономическая компания «Тянь Шэн»
Директору отдела
Ван Цину

代理业务函 (Письмо об агентских услугах) 第13单元

Факс: 7 (495) 200-10-30
E-mail: mosser@yandex.ru
Уважаемый Ван Цин!

Мы имеем удовольствие предложить Вам должность агента, представляющего наши интересы в Китае. Условия функционирования агентства следующие:

1) Оно должно открыться до 01 сентября 2012 года и функционировать в течение двух лет.

2) Товары будут поставляться с 10-процентной скидкой от списочной стоимости на основе консигнации.

3) Хранение запасов на складе должно быть организовано соответствующим образом.

4) Товары доставляются автотранспортом.

5) Образцы изделий для демонстрации покупателям поставляются бесплатно.

Если такие условия Вас устраивают, то сообщите нам об этом, и мы отправим Вам официальный договор на подпись.

Ждём скорого ответа от Вас.

С уважением
  Директор по маркетингу   Ю.М. Решетов

参考译文（部分）：
尊敬的王清先生：
 我们十分高兴地建议贵方作为我们在中国的代理人，我们对此提出代理条件如下：
 1）代理处应该在2012年9月1日前成立，代理活动的期限为两年；
 2）我们提供的商品价格将低于代售商品价格的10%。
 3）贵方应该按照规定方式储存商品；
 4）通过汽车运输方式提供代理商品；
 5）我们无偿提供展览用样品。
 如果贵方接受上述条件，请告知我们，我们将向贵方发送正式的供贵方签字的协议。
 急盼回复。
 此致
敬礼

Пояснения：

1. 俄语商务信函中大量使用由名词派生的前置词。例如в связи с (чем)、в

соответствии с (чем) 等。这样的前置词能够限制与之连用的词汇的意义，使所表示概念更加明确，可以防止产生歧义。

2. 俄语商务信函中通常只采用阳性名词表示某人的职务和称号。例如покупатель、поставщик等。

3. 俄语商务信函中的副动词短语一般用于句子的开始部分，很少用在句子的后半部。例如 Принимая во внимание ...、Учитывая ...。

4. 在商务活动中，如果发函方希望通过商务函向收函方表示某种歉意时，经常使用以下的惯用语：

- Просим (прошу) Вас (вас) принять извинения в связи с...
- Приносим (приношу) свои извинения за то, что...
- Позвольте принести Вам (вам) свои извинения за...
- Искренне сожалеем, что...
- Примите наши искренние извинения за...
- Примите, пожалуйста, наши искренние извинения за...
- Мы искренне огорчены случившимся...
- Этот инцидент вызвал у нас глубокое сожаление...

Упражнения и задания:

1. Прочитайте следующие фрагменты писем и отметьте точные ответы к ним.
Фрагмент 1.

Уважаемый господин Сун!

ООО «Кронверк» представляет одно из ведущих рыбоперерабатывающих предприятий. Мы поставляем рыбные продукты в 50 стран мира, причём возможность поставки постоянно увеличивается.

Недавно мы провели маркетинговое исследование по поводу возможностей продажи наших продуктов в Китае. Результаты этих исследований очень обнадёживающие.

Мы заинтересованы в поставке наших продуктов в Китае. Нам рекомендовали Вас как фирму, добившуюся самого большого успеха в реализации рыбных продуктов.

Просим сообщить о Вашей заинтересованности в представлении нашей фирмы в Китае.

С уважением

1) Письмо представляет собой
   А. запрос.

代理业务函 (Письмо об агентских услугах) 第13单元

   Б. благодарность.
   В. предложение.
   Г. ответ на предложение.
2) В письме говорится, что
   А. ООО Кронверк перерабатывают рыбные продукты.
   Б. по результатам маркетинговых исследований ООО Кронверк может конкурировать с другими рыбоперерабатывающими предприятиями на китайском рынке.
   В. маркетинговые исследования китайского рынка не подтвердили ожиданий ООО Кронверк.
   Г. ООО Кронверк давно начало поставку своих продуктов в Китай.

Фрагмент 2.

> Уважаемые господа!
>
> Ссылаясь на наш разговор с вашим представителем г-ном Брауном в Москве о возможности заключения с вами агентского соглашения с исключительным правом на продажу наших станков в Великобритании, сообщаем вам, что мы хотели бы заключить соглашение на следующих условиях:
>
> Мы поставим вам наши станки на условиях консигнации сроком на шесть месяцев. Если станки не будут проданы, вы должны будете возвратить их за свой счёт. Ваши комиссионные составят приблизительно 5-7% от продажной цены. Мы полагаем, что комиссионные войдут в расходы по рекламированию товара.
>
> Мы надеемся, что наши станки будут пользоваться большим спросом. Мы уже несколько лет успешно продаём станки через агентов в разных странах. К тому же г-н Браун заверил нас, что ваша фирма имеет большой опыт по продаже станков, и что в ваших демонстрационных залах имеются все необходимые средства для испытаний.
>
> Мы готовы помочь вам в рекламировании товара и можем прислать необходимое количество брошюр с описанием преимуществ конструкции наших станков.
>
> Если эти условия приемлемы для вас, предлагаем обсудить все вопросы во время личной беседы в ближайшем будущем.
>
> С нетерпением ждём вашего ответа.
>
> С уважением

1) Отправитель письма хочет дать комиссионные порядка 5—7% от
   А. общей стоимости поставленных станков без других расходов.

Б. полученной прибыли проданных станков.

В. общей контрактной цены со всеми расходами.

Г. цены проданных станков с расходами их рекламирования.

2) В письме говорится о

А. условиях консигнации.

Б. разговоре между представителями фирм.

В. рекламировании товара.

Г. преимуществах продукции.

Фрагмент 3.

Уважаемые господа!

Ссылаясь на переговоры, проходившие в Пекине в июле этого года между вашим представителем г-ном Ван Лу и коммерческим директором нашей фирмы г-ном Волковым с удовольствием подтверждаем, что готовы действовать в качестве агентов по продаже вашего оборудования в нашей стране.

Прежде чем вышлете нам проект агентского соглашения, хотели бы ещё раз изложить основные условия соглашения, а именно:

1) обязуемся выступать в качестве агентов с монопольным правом продажи вашего оборудования в течение трёх лет с даты подписания соглашения;

2) будем получать комиссионное вознаграждение в размере 5% всех продаж вашего оборудования на оговоренной территории;

3) вы вышлете нам первую партию вашего оборудования на консигнацию сроком на 12 месяцев и представите рекламный материал (брошюры, каталоги, образцы, рабочие модели, фильмы) для организации рекламной кампании. Со своей стороны мы откроем демонстрационные залы в центре Москвы и поместим рекламные материалы в наших журналах;

4) обязуемся представлять квартальные отчёты о продаже оборудования. Оплата за проданное оборудование будет производиться каждый квартал.

Надеемся, что соглашение будет взаимовыгодным и откроет пути к дальнейшему сотрудничеству.

С уважением

Отправитель письма предлагает консигнационный срок на

А. 12 месяцев.

Б. квартал.

В. 2 года.

Г. 3 года.

代理业务函 (Письмо об агентских услугах) 第13单元

2. Переведите следующие предложения с русского языка на китайский.

1) Мы заинтересованы в том, чтобы стимулировать спрос на наши товары в вашей стране, поэтому готовы послать товары на консигнацию.
2) Ваш товар неизвестен на нашем рынке, поэтому мы бы предпочли получить партию товара на условиях консигнации сроком шести месяцев.
3) Продавец должен вернуть за свой счёт любое изделие, которое не продано к концу периода консигнации.
4) С величайшим удовольствием сообщаю вам, что Пекинская компания «Хунюань» (洪元) представляет теперь нашу фирму в Китае.
5) Наше предприятие является официальным дистрибьютором более чем 300 российских и зарубежных производителей.
6) Агент обязан должным образом вести учёт всех полученных заказов и каждые три месяца направлять копии заказов принципалу.
7) Принципал отказался от предложения агентской фирмы изменить упаковку товара.
8) В соответствии с пунктом № 7 размер комиссионного вознаграждения не может превышать 5% от общей стоимости товара.

3. Переведите следующие предложения с китайского языка на русский.

1）委托方授予代理人销售由委托方生产的设备的权利。
2）委托方拥有直接销售设备的权利。
3）我们希望贵方指定我们为在俄罗斯销售贵方产品的代理商。
4）应根据中华人民共和国的法律解释该代理协议中的规定。
5）他们拒绝了我们签订独家代理协议的意向。
6）我们对经销工作很感兴趣。
7）我们打算在国外寻找商务代理的合作伙伴。
8）商品的所有的仓储(складирование)费用都由代理商承担。

4. Переведите следующие фрагменты писем с русского языка на китайский.

Фрагмент 1.

Уважаемые господа!

Компания RTM заинтересована в сотрудничестве с вашим предприятием на взаимовыгодной основе. Приглашаем вас получить статус постоянного дилера для продвижения на российском рынке уникального отделочного материала – керамической плитки итальянского производства.

Являясь официальным торговым представителем нашей компании в

России, мы готовы обеспечить поставки вам уникального материала для профессионального применения дизайнерами, архитекторами и строительными организациями. Конкурентоспособные цены, безупречное качество и отсутствие аналогов открывают большие перспективы для успешных продаж.

С уважением

Фрагмент 2.

Уважаемый Ма Ли!

Благодарю Вас за письмо от 6 января. Я полностью согласен с Вами, что наш товарооборот в Китае за последнее время увеличился во многом благодаря Вашим усилиям. Мы очень довольны результатами сотрудничества с Вашей компанией.

Принимая это во внимание, я тщательно изучил Вашу просьбу, а также проконсультировался с моими коллегами из совета директоров.

Проблема заключается в том, что у других наших клиентов в Китае при большем объёме товарооборота процент скидки такой же. Надеюсь, Вы понимаете, что было бы несправедливо увеличить её исключительно для Вас, а увеличение скидок для всех было бы неоправданно с экономической точки зрения.

Поэтому, к сожалению, в настоящее время мы не можем выполнить Вашу просьбу. Однако я готов пересмотреть этот вопрос при условии дальнейшего увеличения товарооборота. Если в этом году сумма товарооборота составит 500000 долларов США, я буду рад предоставить Вам скидку, о которой Вы просите.

Искренне Ваш

Фрагмент 3.

Уважаемые господа!

Мы получили ваш ответ от 19 сентября, и, если мы договоримся об условиях, мы с удовольствием дадим вам право быть нашим единственным агентом в течение двух лет, после чего договор должен продлеваться ежегодно.

Комиссионное вознаграждение будет равняться 4% и выплачиваться за все сделки по продаже, осуществлённые вами. Мы также готовы оплатить другие расходы в разумных пределах.

代理业务函 (Письмо об агентских услугах) 第13单元

> Прилагается наш экспортный каталог с прайс-листом и бланками заказов. Мы с удовольствием снабдим вас товарами в кредит, размер которого не должен превышать 30000 долларов.
>
> Ожидаем получить ваш первый заказ.
>
> С уважением

5. Переведите следующие фрагменты писем с китайского языка на русский.

Фрагмент 1.

> 尊敬的沃尔科夫先生：
> 　　我们已收到贵方10月15日的来函。贵方在来函中表示有意成为我们在贵国的代理人，但是现在我们在贵国已经有代表处，不需要增加代理服务。如果以后业务情况发生变化，我们会及时与贵方联系。
> 　　此致
> 敬礼

Фрагмент 2.

> 尊敬的各位先生：
> 　　贵方2014年8月6日的来信已收到，对此表示感谢。贵方在信中表示希望成为我方在俄罗斯的代理商，我方对贵方的建议十分感兴趣，希望更详细地讨论这个建议。
> 　　我方的销售部部长潘向东负责独联体国家的业务，我们已经请他于下周或一周以后飞往贵方。为了考察贵方是否可以成为我们公司的代理商，请贵方将接待潘向东的合适时间通知我们。
> 　　潘向东在贵方访问期间，将拟定协议并有权代表我们公司签字。
> 　　此致
> 敬礼

Фрагмент 3.

> 各位各位先生：
> 　　我们曾经是著名的英国斯密特(Смит)公司多年的代理商，现在该公司在克拉斯诺达尔开办了属于自己的分支机构。我们有销售各种机械的丰富经验，同时

> 我们相信，我们每年能够大量销售贵方的机械产品。
> 如果贵方同意我们作为贵方的代理商，我们希望佣金为我们销售商品总额的5%。
> 此致
> 敬礼

6. Напишите письма по следующим требованиям.

1) От имени директора фирмы «Север» напишите письмо своему агенту.
2) Напишите письмо фирме-партнёру с просьбой ускорить некоторые операции, связанные с выполнением агентских соглашений.

Слова и словосочетания

агент 代理人
агентское соглашение 代理协议
комиссионные 佣金
списочная стоимость 清单上的价格
консигнация 委托出售，寄售
демонстрация 展出
обнадёживающий 给人以希望的
исключительное право 排他权
приблизительно 大约
монопольное право 专营权，垄断权
комиссионное вознаграждение 寄售报酬，佣金
рекламная кампания 广告活动

стимулировать 刺激，推动
дистрибьютор 经销商，分销商
принципал 委托人
дилер 销售商
отделочный материал 装修材料
керамическая плитка 瓷砖
безупречный 无可挑剔的
проконсультироваться 咨询
совет директоров 董事会
неоправданно 没有根据地，没有理由地
бланк 表格，表，单
снабдить 提供

工程技术服务函
(Письмо по инженерно-техническим услугам)

导语:
　　工程技术服务是指承包方在发包方进行企业建设或其他项目施工过程中所提供的建设、生产、商务和科技服务，它既可以是整个项目各个环节的成套服务，也可以是其中一个或多个环节的单项服务。与工程技术服务相关的信函的内容所涉及的范围比较广泛，语言内容也比较复杂。这种信函除了使用商务术语以外，还大量使用科技术语。

Образец 1.

ООО «Техпроект»　　　　　　　　　　　Заместителю директора
Россия, Санкт-Петербург,　　　　　　　Компании «ДаминМашстрой»
пр. Бакунина, д. 1/5.　　　　　　　　　　Китай, Пекин,
Тел.: 7 (812) 941-11-46　　　　　　　　　ул. Лянмацяолу, 35/69
E-mail: peterntex@gmail.ru　　　　　　Тел.: 86 (10) 64651188

Уважаемый господин Ли!

　　В связи с запросом и в подтверждение беседы с Вашим представителем господином Гао Миндэ сообщаем, что мы могли бы направить по Вашей просьбе группу высококвалифицированных специалистов для оказания технического содействия в сооружении завода тяжёлого машиностроения и подготовке оборудования цехов этого завода к наладке и пуску в эксплуатацию.

　　Так как строительные и монтажные работы должны полностью соответствовать проектам поставщика, мы могли бы включить в эту группу специалистов авторского надзора. Основные условия, на которых мы обычно направляем специалистов за рубеж, следующие. Вы должны возместить нам расходы по:

• месячным ставкам в долларах США;

• подъёмным пособиям для каждого специалиста;

• стоимости проезда специалистов и членов их семей туда и обратно самолётом по нормам туристического класса;

• страхованию специалистов от производственного риска и несчастных случаев.

Количество направляемых нами специалистов будет зависеть от объёма работ. Сроки пребывания их в Вашей стране подлежат согласованию во время переговоров.

С уважением
   Заместитель директора   П.Н. Цуканов

参考译文（部分）：
尊敬的李先生：
  根据贵方的需求以及为了确认我们同贵方代表高明德先生会谈的结果，现通知贵方，我们将按贵方要求派高级专家小组前往贵方。他们将为贵方重型机器制造工厂的建设、工厂车间设备的调试及其投入使用的准备工作提供技术支持。
  由于建设与安装工程应完全符合供货方设计方案的要求，我们派去的专家小组中还可以增加设计监督人员。我们专家外派的基本条件有以下几点，贵方应支付我们在以下的开支：
1. 每月工资（以美元支付）；
2. 每位专家的差旅补贴；
3. 专家及其家属的往返路费（乘飞机旅行的经济舱标准）；
4. 专家的保险，包括职业危害险和意外事故险。
  我们向贵方派专家的人数取决于工程量，专家在贵国停留的期限应在谈判时商定。
  此致
  敬礼

Образец 2.

Корпорация «Энерготехпром»	Директору по маркетингу
Россия, Москва, улица	Компании «Шэнтао»
Бакунинская, д. 50/36	Китай, г. Харбин, пр.
E-mail: energ@gmail.ru	Дундачжицзе, 1010

Уважаемые господа,

  Сообщаем вам, что Комитет промышленности России объявил торги на строительство машиностроительного комплекса в г. Хабаровске. Торги объявлены на выполнение проектных работ, строительство комплекса и подготовку местных кадров для эксплуатации предприятия.

  Мы предлагаем вам рассмотреть вопрос о совместном участии в

вышеуказанных торгах.

Если данное предложение заинтересует вас, мы готовы подготовить проект соглашения о создании консорциума и провести переговоры о его подписании в удобное для вас время. Одновременно мы сможем обсудить вопросы, связанные с подготовкой общего тендерного предложения и привлечением местной агентской фирмы для оказания нам содействия во время торгов. Окончательная дата представления предложения - 30 сентября 2014 г. Тендерная документация будет вам направлена по получении вашего согласия.

С уважением

    Зам. генерального директора   В.В. Жеребилов

参考译文（部分）：

尊敬的各位先生：

现通知贵方，俄罗斯工业委员会宣布在哈巴罗夫斯克市进行机械制造综合体建设招标，该招标的目的是进行工程设计、综合体施工建设和为企业经营培养当地的人才。

我们建议贵方研究共同参与上述招标工作的问题。

如果贵方对该建议感兴趣，我们准备起草建立财团的协议，我们还准备在贵方合适的时间通过谈判商定签订该协议的问题。同时，我们可以讨论有关投标总报价以及吸收当地代理公司为我们在竞标时提供帮助的问题。招标报价的截止日期为今年9月30日，如果贵方同意我们的建议，我们可将招标文件寄给贵方。

此致

敬礼

Образец 3.

ООО «Росхимстрой»	Компания «Даляньмаш»
Россия, 119270, Москва,	Директору
ул. Хамовнический вал,	Ли Лишэну
д. 9, оф. 4	

О строительстве металлургического завода

Уважаемый Ли Лишэн,

Подтверждаем получение Вашего письма от 6 мая и сообщаем, что, к сожалению, оборудование, указанное в приложении № 1, не может быть изготовлено на строительной площадке завода, так как в нашем распоряжении нет необходимого количества металлообрабатывающих станков.

Мы хотели бы напомнить Вам, что пункт № 9 нашего контракта

предусматривает изготовление оборудования на строительной площадке лишь в том случае, если его изготовление не требует сложных видов работ.

В связи с этим мы просим Вас внести соответствующие изменения в пункт контракта «Разделение поставок» и поставить вышеуказанное оборудование из Китая в 4-ом квартале 2013 года.

Что касается нестандартного оборудования, указанного в приложении № 2, то оно может быть изготовлено в нашей стране при условии, что все необходимые материалы будут поставлены из Китая.

С уважением
   Директор отдела по инветстициям   С.И. Соколова

参考译文（部分）：
尊敬的各位先生：
  贵方于5月6日的来函已收到。很遗憾地告知贵方，在工厂的施工工地上无法加工第1号附件中的设备，其原因是我们的金属加工机床的数量不足。
  我们想提醒贵方，根据我们的合同第九条的规定，施工现场只加工简单的设备。因此，请贵方对合同的供货分工条款做出相应的修改，同时请在2013年第四季度从中国提供上述设备。
  至于第2号附件中所涉及的非标准设备，它们可以在我们国内生产，但是所有必需的材料将自中国国内提供。
  此致
敬礼

Пояснения:

1. 在当代商务活动中，使用电子商务信函越来越普遍。电子信函使用便捷，成本低廉。俄语电子商务信函的格式相对简单，尤其在传送一般的商务信息时更加频繁使用电子商务信函。但是，对于意义重大的商务信函，为了保障其安全性，仍然需要通过传统的邮寄方式或通过传真方式进行传送。

2. 俄语商务信函的语言表达方式受外来语言的影响很大，现在大量的外来词不断进入俄语商务信函语言之中，并且正在取代相应的俄语词汇。例如，用оферта代替предложение，用инвойс代替счёт-фактура，用прайс-лист代替перечень товаров等等。但是，俄语商务信函在使用外来词上也有一定的原则，这就是只有在必要和意义十分准确的条件下才使用外来词。

3. 俄语商务信函中频繁使用下列表示依据意义的语言结构：

- Ссылаясь на Ваше (ваше) письмо (на запрос, нашу договорённость…) от…
- Согласно Вашей (вашей) просьбе (нашей договорённости, прилагаемому списку…)…

工程技术服务函 (Письмо по инженерно-техническим услугам) 第14单元

- На основании дополнительного протокола (соглашения, договора...)...
- В связи с проведением совместных работ (нашей договорённостью, отсутствием информации...)...
- В соответствии с заказом (правилом, запросом...)...
- В ответ на Ваше (ваше) обращение (запрос, письмо...)...
- В порядке оказания технической помощи...

Упражнения и задания:

1. Прочитайте следующие фрагменты писем и отметьте точные ответы к ним.
Фрагмент 1.

Уважаемые господа!

Сообщаем вам, что мы завершаем выполнение контрактных обязательств по нашему контракту на строительство гидроэлектростанции в вашей стране и проводим подготовительные работы к отправке в Россию части строительного оборудования и неиспользованных материалов, ввезённых в вашу страну на условиях временного ввоза.

В последнее время, как вы знаете, сложилась практика продажи строительного оборудования и неиспользованных материалов в стране Заказчика по завершении работ, выполняемых на условиях «под ключ». Мы тоже намерены продать часть оборудования и материалов в вашей стране. В связи с тем, что вы выразили желание иметь право первого выбора при покупке нашего строительного оборудования, направляем вам перечень оборудования и материалов, которые мы хотели бы продать в вашей стране.

Всё оборудование находится в рабочем состоянии и будет продаваться с комплектами запчастей. Оборудование будет реализовываться по разумным ценам с учётом амортизации.

Цены не включают импортные пошлины. Они должны быть уплачены покупателем оборудования в соответствии с таможенными правилами, существующими в вашей стране. Осмотр оборудования и материалов может быть произведён в любое удобное для вас время.

С уважением

1) Подрядчик будет отправлять в Россию части оборудования и неиспользованных материалов, потому что
   A. он должен выполнить контрактные обязательства.

Б. он должен создать гидроэлектростанцию.

В. упомянутое оборудование и материалы были временно ввезены в страну Заказчика.

Г. упомянутое оборудование и материалы нужно использовать в России.

2) Подрядчик направляет перечень оборудования и материалов, которые он хочет продать в стране Заказчика, потому что

А. Заказчик как раз хочет купить строительное оборудование и материалы.

Б. Подрядчик должен продать Заказчику строительное оборудование и материалы на условиях «под ключ».

В. никто, кроме Заказчика, не хочет купить строительное оборудование и материалы.

Г. Заказчик имеет право первого выбора строительного оборудования и материалов, которые Подрядчик будет продать.

Фрагмент 2.

Уважаемые господа!

Благодарим вас за ваши замечания и предложения, которые вы сделали по нашему проекту контракта на строительство фармацевтического завода.

Сообщаем вам что, изучив вышеупомянутые замечания, мы соглашаемся с ними в целом и готовы включить их в контракт.

Одновременно мы хотели бы ещё раз отметить, что в соответствии с нашим проектом контракта на строительство «под ключ» фармацевтического завода подрядчик берёт на себя всю ответственность за организацию и выполнение всех строительных работ. Строительные работы будут выполняться специалистами, а также местными фирмами, которые будут наняты на условиях субподряда.

В связи с вышеуказанным просим вас рассмотреть настоящее письмо и в случае согласия с ним сообщить нам о вашей готовности подписать контракт.

В ожидании скорого ответа.

С уважением

В настоящем письме говорится о(б)

А. возможности подписания контракта.

Б. условиях контракта.

В. субподряда контракта.

Г. обязательствах заказчика.

工程技术服务函 (Письмо по инженерно-техническим услугам) 第14单元

Фрагмент 3.

> Уважаемый господин Ван,
>
> Сообщаю Вам, что в соответствии с Вашей просьбой мы изучили возможность организации и проведения стажировки Ваших работников в России.
>
> Мы готовы организовать стажировку Ваших специалистов на одной из крупнейших фирм России в течение двух недель. Расходы, связанные со стажировкой, предоставлением транспортных средств, размещением в гостинице, трёхразовым питанием и культурной программой составляют 3 тысячи американских долларов за человека.
>
> Платёж за указанные услуги должен быть осуществлён в течение 30 дней с даты подписания контракта.
>
> Все остальные условия приёма Ваших специалистов изложены в проекте контракта, прилагаемого к письму. Мы надеемся, что Вы найдёте их приемлемыми.
>
> Заверяем Вас, что мы сделаем всё возможное, чтобы сделать пребывание Ваших специалистов в нашей стране полезным и приятным.
>
> В ожидании Вашего ответа.
>
> С уважением

В письме говорится о (б)
   А. расходах стажировки.
   Б. форме оплаты стажировки.
   В. готовности приёма стажёров.
   Г. условиях приёма стажёров.

2. Переведите следующие предложения с русского языка на китайский.
   1) Нам было бы также желательно получить от вас информацию относительно предполагаемых сроков выполнения подобных работ.
   2) С расходами на строительные детали оборудования и строительство водопровода ознакомьтесь в каталоге, в котором вы найдёте также наши условия поставки и платежа.
   3) Со своей стороны мы обязуемся соблюдать конфиденциальность информации, содержащейся в вашем тендерном предложении.
   4) Просим вас выслать дополнительную информацию по ноу-хау относительно получения осетровой икры.
   5) В перечень выпускаемой и экспортируемой продукции входят летательные аппараты, авиационно-техническое имущество к ним,

прочая продукция производственно-технического назначения.

6) Заказчик предлагает, что работа на строительстве жилых домов должна оплачиваться по расценкам, применяемым на строительстве.

7) После получения от вас дополнительной информации мы в ближайшее время сможем приступить к обсуждению и согласованию содержания проекта реконструкции вашего цеха.

8) В настоящее время мы разрабатываем новую комплексную программу по изучению радиации на организмы, и мы будем очень рады, если ваша фирма примет участие в данной работе.

3. Переведите следующие предложения с китайского языка на русский.

1）请贵方告知我们关于贵方派遣3名专家到俄罗斯工作2个月的条件。
2）承包方应该按照本合同条件的要求完成建筑工程。
3）请贵方在3天之内接收已经完成的工程。
4）我们也想请贵企业的专家对设备进行操作试验。
5）我十分愿意恢复双方的科学技术合作关系。
6）我们到现在还没从贵方得到关于使用和保养仪器的技术细则。
7）如果贵方同意参与投标，请贵方报价。
8）请贵方在2013年6月30日前提交参与投标的信息。

4. Переведите следующие фрагменты писем с русского языка на китайский.
Фрагмент 1.

Уважаемые господа!

Получили ваше письмо от 2 марта 2013 г. с просьбой поставить оборудование для консервных цехов.

Рассмотрев просьбу, сообщаем, что готовы провести переговоры по данному вопросу. Одновременно хотели бы обратить ваше внимание на то, что наше предприятие осуществляет продажу лицензий на передачу «ноу-хау», которые сопутствуют поставкам комплектного оборудования.

Эта форма сотрудничества, как вы знаете, широко практикуется во всём мире. В договоре на передачу «ноу-хау» гарантируем получение лицензиатом дополнительной прибыли и выпуск продукции высокого качества в соответствии с техническими спецификациями.

Если вас заинтересует наше предложение, мы подготовим материалы для патентования (описание, чертежи) оборудования с учётом требований вашего патентного ведомства.

Искренне ваши

Фрагмент 2.

Уважаемые господа!

Подтверждая ваше письмо от 15 февраля 2013 г., сообщаем вам, что объявлен государственный тендер на выполнение проектных работ, поставку оборудования и строительство трансформаторных подстанций. Мы полагаем, что участие в тендере будет представлять для вас интерес.

Просим вас изучить тендерные документы, прилагаемые к данному письму. Как оговорено в агентском соглашении, расходы по покупку тендерной документации будут отнесены на ваш счёт.

Следует принять во внимание, что окончательная дата подачи предложения - 21 мая 2013 г. Ваше предложение должно быть получено нами за 10 дней до окончательной даты, что даст нам возможность выполнить местные формальности и представить ваше предложение тендерному комитету.

Надеемся, что вы заинтересуетесь этим направлением сотрудничества.

С уважением

Фрагмент 3.

Уважаемые господа!

Благодарим за ваши замечания и предложения, которые сделали по нашему проекту контракта на строительство автосборочного цеха.

Хотели бы отметить, что в соответствии с нашим контрактом на строительство «под ключ» автосборочного цеха подрядчик берёт на себя всю ответственность за организацию всех строительных работ.

Строительные работы будут выполняться российскими специалистами, а также местными фирмами, которые будут наняты на условиях субподрядчика. Работы, выполняемые этими фирмами, будут контролироваться компетентными российскими специалистами, стоимость услуг которых включена в цену контракта. Мы уже ознакомились с указанными фирмами и считаем, что они обладают достаточным опытом, квалификацией и возможностями для выполнения работ, которые мы собираемся им поручить.

В связи с вышеизложенным просим вас рассмотреть настоящее письмо и сообщить нам о возможности подписать контракт.

С уважением

5. Переведите следующие фрагменты писем с китайского языка на русский.

Фрагмент 1.

尊敬的各位先生：
　　现告知贵方，根据合同条款的要求，承包方将承担工程施工的全部责任。工程施工将由专家及以分包形式雇佣的当地公司承担。
　　根据上述规定，请贵方仔细研究此信内容。如无异议，请将贵方签订合同的准备情况告知我们。
　　此致
敬礼

Фрагмент 2.

尊敬的各位先生：
　　10天前我得知，贵方的订单得到顺利履行。在我们未准备好进行试验之前，暂不需要贵方专家到我处。
　　此外，为了全面了解各种设备的信息，建议贵方专家参观相关的工厂。
　　回信时请告知我们将赴莫斯科的专家的姓名，以便帮助其办理签证。
　　我建议在机场迎接他们，并送他们去圣彼得堡。
　　此致
敬礼

Фрагмент 3.

尊敬的李林：
　　现通知贵方，工程已经按照合同规定于2014年4月30日结束。根据合同条件的要求，发包方应该在接收工程之后的30日内支付工程款。贵方在2014年5月10日接收了工程，但在以后的30日内未支付工程款。再次通知贵方必须支付工程款。
　　此致
敬礼

6. Составьте письма по следующим требованиям.

1) Ваше предприятие занимается выпуском металлоконструкций. Составьте письмо-предложение о сотрудничестве на фирму «Искусстлитьё» по совместному выпуску садово-парковых архитектурных форм.

2) Напишите письмо от лица директора китайской фирмы «Химмаш», в котором вы предлагаете российской фирме ЗАО

工程技术服务函 (Письмо по инженерно-техническим услугам) 第14单元

«Эскур» сотрудничество в разработке рабочих чертежей насосной станции. Объясните, что так как в настоящий момент монтаж уже ведётся, вы просите произвести эту работу непосредственно на площадке. Попросите в кратчайший срок определить стоимость проектных работ и немедленно начать их.

3) Ваш заказчик заинтересован в скорейшем окончании строительства завода. Представители заказчика просят вас сократить сроки поставки оборудования. Обсудите эту проблему с вашим заказчиком.

Слова и словосочетания

высококвалифицированный 高度熟练的
тяжёлое машиностроение 重型机械制造
авторский надзор 设计人员的监督
месячная ставка 月（工资）定额
подъёмные пособия 旅费，差旅补贴
торги 招标
консорциум 财团
тендерное предложение 投标价格
тендерная документация 投标说明书
металлообрабатывающий станок 金属加工机床
гидроэлектростанция 水电站
заказчик 发包方
на условиях «под ключ» 采用交钥匙工程条件
амортизация 折旧
пошлина 关税
фармацевтический 制药的

подрядчик 承包方，承包商
нанять 雇佣
субподряд 分包
стажировка 实习
конфиденциальность 机密
ноу-хау 技术诀窍
осетровая икра 鲟鱼子
расценка 单位造价
радиация 辐射
лицензия 许可证
сопутствовать 随带有
лицензиат 持有许可证人
патентование 批准专利
трансформаторная подстанция 变电所
формальности 手续
субподрядчик 分包方，分包商
насосная станция 水泵房，水泵站

商务广告函
(Рекламное письмо)

导语:
商务广告是商务活动重要组成部分，它的主要目的是提供商品或服务的信息，树立某种产品或公司形象，刺激买方的购买欲望。商务广告信函中一般包括相关商务信息的来源、商品的显著特征、写信者的意图、所宣传的公司的经营范围以及该公司的资信状况等内容。这种信函很少直接提供报价信息，有时随信函附有更加详细的商品或公司内容介绍或宣传手册。

Образец 1.

ОАО «Мосимпэкс»
105000, Москва, ул. Покровка, д. 4
Тел.: 7 (495) 211-05-16
Факс: 7 (495) 211-94-94
16.05.2014 г.

Компания «Лишэн»
Китай, г. Гуанчжоу, ул. Бэйцзинлу, 001
Тел.: 86 (20) 95-95-50-01
Факс: 86 (20) 95-95-50-02

Уважаемые господа!

Уже много лет мы занимаемся внешнеторговыми операциями, а в настоящее время мы стараемся расширить наши связи с вашей страной.

Нас интересуют промышленные товары, и мы специализируемся на продаже химикатов, масел и текстиля. Мы готовы как импортировать те товары, которые могли бы быть в большей или меньшей степени отнесены к одной из этих групп, так и экспортировать то, что может представлять наибольший интерес в настоящее время для вашей страны.

Мы были бы рады узнать о тех товарах, в которых вы заинтересованы, для того, чтобы установить между нами хорошие и взаимовыгодные отношения. Мы намерены приехать в вашу страну и хотели бы иметь взаимовыгодные торговые контракты.

Ожидаем вашего скорого ответа.

С уважением
Генеральный директор ОАО «Мосимпэкс»   А.В. Лазарев

参考译文（部分）：

尊敬的各位先生：

多年以来，我们一直从事对外贸易业务活动，现在我们正在努力扩大与贵国的业务联系。

我们对工业产品感兴趣，现在专门销售化学制品、油料、食品和纺织品。我们准备从贵方进口上述种类的商品，同时准备向你们出口你们国家现在最感兴趣的商品。

我们希望你们提供你们所感兴趣的商品的信息，对此我们将感到十分高兴，这将有利于我们建立友好互利的关系。我们有意到贵国访问，并希望签订互利的贸易合同。

期待贵方尽快予以答复。

此致

敬礼

Образец 2.

Корпорация «Прогресс»
Россия, 113114, Москва,
ул. Огородная, 10   ЗАО «БелКосмогид»
http://www.progress.ru   Директору
Об установлении деловых контактов   г-ну Сергееву В.В.

Уважаемый Владимир Владимирович!

Корпорация «Прогресс» является российским лидером в области разработки и промышленного производства косметических концентратов, а также конечной продукции на их основе. Мы были бы очень признательны, если бы вы, ознакомившись с краткой информацией о нашей фирме, нашли возможность удовлетворить нашу просьбу. Не были бы вы так любезны прислать нам перечень товаров, которые вы бы хотели заказать у нас.

С уважением

Директор   Максим Андреевич
Внешнеэкономического отдела

参考译文（部分）：

尊敬的弗拉基米尔·弗拉基米罗维奇：

进步公司是俄罗斯研制浓缩化妆品及其终端产品的行业领军企业。如果你们能了解我公司简介并满足我们的请求，我们将不胜感激。烦请你们将希望向我们订购的商品清单寄给我们。

此致

敬礼

Образец 3.

Компания «Гоке»	ЗАО «Асконг»
Беларусь, 220026 г. Минск,	Тел./факс: 7 (812) 310-25-28
ул. Васнецова, д.900	E-mail: askong@gmail.ru
Тел./факс: 375 (17) 22-22-22	

Уважаемые господа!

К настоящему моменту у вас уже была возможность просмотреть наш каталог, посланный вам в прошлом месяце.

Обращаем ваше внимание на коллекцию свитеров, показанных на страницах 25-35, - все они из «Найлекса», нового материала, разработанного нашим исследовательским отделом. Качество этих свитеров, безусловно, выше, чем других свитеров на рынке по этой же цене, и мы можем быстро поставить этот товар.

С приближением зимы вы можете рассчитывать на успешную продажу этих свитеров, и поэтому мы с нетерпением ожидаем ваших заказов в ближайшем будущем.

С уважением

Менеджер компании   О.Б. Широков

参考译文（部分）：

尊敬的各位先生：

我们认为，你们已经通过我们上月提供的商品目录对我们的商品有所了解。

请你们留意商品目录25-35页的系列毛衣，它们由我们的研发部采用"纳伊列克斯"这种新型材料研制而成。毋庸赘述，这些毛衣的品质要高于市场上同等价位的毛衣，我们还可以迅速供货。

随着严冬的临近，你们一定可以顺利地售出这些毛衣，因此期待尽快接到你们的订单。

此致

敬礼

Пояснения:

1. 现代的俄语商务广告信函正在突破传统的语言表达要求的限制，语言表达方式有时带有一定的主观情态色彩，特别是有时采用一些具有情感表现力的词汇和外来词。例如домик、инвойс等。这种表达的目的是赢得读者对广告内容的注意和好感，也显示了商务广告信函新的个性化特征。

2. 现代俄语商务信函总体上出现语言表达更加灵活以及具有情感色彩的趋势，这种趋势在广告函中的表现尤为明显，它的语言内容不但具有很强的信息性，同时还具有说服力和一定的宣传鼓动色彩。与一般的商务信函不同，商务广告信函的语言比较简洁。为了提高读者的阅读兴趣，广告信函通常在开头就采用一些有吸引力的表达手段。

3. 广告函中广泛使用表示评价意义词组。例如 безупречная работа、разумная ценовая политика、надёжные (добрые) партнёрские отношения、гибкая система скидок 等。这样的词组能够增加广告信函语言内容的情态和吸引力。

4. 广告函的复数第二人称一般不必采用"Вы""Ваш"的书写形式，而是直接采用"вы""ваш"的书写形式，这样可以减少函件的正式性色彩，更加贴近读者。

5. 广告函中采用下列惯用语：

- К вам обращается (обращаются)…
- Мы хотели бы привлечь ваше внимание к…
- Поводом для этого письма является…
- Прошу рассматривать данное письмо как…
- Вам выпал редкий шанс принять непосредственное участие в…
- Мы будем только рады, если…
- Главными достоинствами является…
- Неоспоримыми преимуществами обладает…
- Важным дополнительным плюсом является…
- Ваше участие является необходимым…
- Ваша поддержка будет крайне желательной…
- Ваш выбор может иметь решающее значение для исхода…
- Нам будет приятно доставить вам немного радости…
- Приводим некоторую информацию о…

Упражнения и задания:

1. Прочитайте следующие фрагменты писем и отметьте точные ответы к ним.
Фрагмент 1.

> Уважаемые господа!
>
> Компания «Маргарита» работает на российском рынке уже 5 лет. Мы являемся одной из ведущих фирм, занимающихся изготовлением и установкой оконных блоков. Компания использует передовые технологии и современный дизайн.
>
> Наша продукция пользуется спросом не только среди коммерческих организаций, но и среди владельцев частных квартир. Наши окна установлены во многих банках, магазинах, ресторанах, в сотнях коттеджей, в православных храмах и больницах.
>
> Тесное сотрудничество с известными немецкими и китайскими производителями позволяет нам изготавливать продукцию на уровне мировых стандартов.
>
> Большой опыт работы и глубокие знания специфики изготовления оконных блоков помогают нам выполнять заказы в любом объёме и в кратчайшие сроки.

Мы выполняем индивидуальные проекты и учитываем всевозможные пожелания заказчика.

Наши окна можно установить в любую погоду. Время года может изменить только цены, но не качество и сроки выполнения заказа.

Мы постоянно радуем своих клиентов сезонными скидками.

Если вас заинтересовала наша продукция, вы можете заказать наш новый каталог, а также получить дополнительную информацию по телефону 231-45-14.

1) В письме содержится
   А) рекламная информация о фирме.
   Б) проект договора о сотрудничестве.
   В) инструкция по эксплуатации оконных блоков.
   Г) информация о поступлении товара.
2) Клиентами фирмы являются
   А) только коммерческие организации.
   Б) различные организации и частные лица.
   В) немецкие и польские производители.
   Г) только владельцы частных квартир.

Фрагмент 2.

Уважаемые господа!

Невозможно представить себе современную торговую организацию, которая не нуждается в услугах надёжной транспортной компании. Сроки и качество транспортировки товаров в значительной степени определяют успешность компании и перспективы её развития.

Если вы ищете надёжного партнёра, который обеспечит вам качественную и недорогую перевозку товаров, обратитесь в нашу компанию.

Мы готовы предоставить вам все виды автомобильного транспорта для международных перевозок.

Мы гарантируем качество наших услуг десятилетним опытом на рынке международных перевозок.

Если вам интересны наши предложения, свяжитесь с нами по телефону 7 (4232) 45-11-77, или E-mail: trac@icomp.ru.

Мы готовы прислать вам более детальные предложения по вашему запросу.

С уважением

Рекламодатель занимается

    А. международным рекламированием товаров.

    Б. международной ж. д. транспортировкой товаров.

    В. международной пассажирской транспортировкой.

    Г. международной грузовой транспортировкой.

Фрагмент 3.

> Уважаемый господин Лю!
>
> Начиная с 1990 года, основным направлением деятельности фирмы «Гемар» является поставка ГСМ в регионы России и ближнего зарубежья.
>
> Нашими партнёрами в эпоху становления рыночных отношений на рынке нефтепродуктов были ОАО «Сибнефть», ОАО «Ангарская нефтехимическая компания», НК «Лукойл», несколько коммерческих структур и государственных предприятий в Москве и в ближайших регионах.
>
> В настоящее время ООО фирма «Гемар» работает на рынках России и за рубежом. Также открыто представительство в Москве.
>
> Приоритетными направлениями в настоящее время являются:
>
> - расширение географии сбыта;
>
> - обеспечение потребностей организаций регионов горюче-смазочными материалами.
>
> На данный момент мы можем предложить вам следующие виды нефтепродуктов:
>
> - авто бензины;
>
> - дизельное топливо.
>
> Мы были бы очень вам признательны, если бы вы присылали интересующие заявки на факс 3812/306296.
>
> Будем рады взаимному сотрудничеству!

ООО фирма «Гемар» занимается

    А. рекламированием нефтепродуктов.

    Б. производством нефтепродуктов.

    В. поставкой нефтепродуктов внутри России и за рубежом.

    Г. поставкой нефтепродуктов в ОАО «Сибнефть» и другие нефтеперерабатывающие предприятия.

2. Переведите следующие предложения с русского языка на китайский.

    1) Мы хотели бы, чтобы название нашей фирмы регулярно упоминалось в вашей коммерческой деятельности.

    2) Продукция нашего предприятия пользуется стабильным спросом как

на внутреннем рынке, так и в странах ближнего и дальнего зарубежья.

3) За высокое качество продукция нашего предприятия неоднократно награждалась дипломами Торгово-промышленной палаты России.

4) С предложениями о сотрудничестве в области энергетики, промышленного и жилищного строительства выступает ряд крупных китайских компаний.

5) Предприятие экспортирует до 90% от общего объёма произведённой белёной целлюлозы в европейские и азиатские страны.

6) Дополнительную информацию, технические характеристики нашей продукции вы можете получить на нашем сайте.

7) В условиях острой конкуренции выдержит тот, кто благодаря быстрому выполнению заказа при достаточно низкой цене и отличном качестве не потеряет своих заказчиков.

8) Благодаря внедрению современных технологий и модернизации основных мощностей, завод искусственного волокна поставляет на мировые рынки высококачественную продукцию.

3. Переведите следующие предложения с китайского языка на русский.
1）现在公司向买方提供50多种公司生产的产品。
2）要了解我们产品的具体信息，请访问我们的网站。
3）我公司的产品质量获得ISO 9001-2001标准的认证。
4）我们企业与独联体各国以及其他很多国家有广泛的业务联系。
5）我们的产品出口范围涵盖世界上的30多个国家。
6）请贵方相信，你们储备的这些布匹不会滞销。
7）由于生产规模大，同时厉行原料节约，我们的价格完全具有竞争力。
8）在我们公司的生产和管理过程中，特别重视提高工艺水平。

4. Переведите следующие фрагменты писем с русского языка на китайский.
Фрагмент 1.

Уважаемые господа!

Мы хотели бы представиться как солидные и давно зарекомендовавшие себя экспортёры сверлильных станков. У нас имеется большой опыт как в их производстве, так и экспорте.

Наши цены на станки являются вполне конкурентными, вследствие широких масштабов производства и жёсткой экономии ресурсов. Качество товаров надёжное, торговля идёт успешно.

Мы хотели бы, чтобы название нашей фирмы регулярно упоминалось в вашем предприятии. Наш адрес: Россия, г. Москва, Ореховый бульвар, д. 22А. тел.: 7 (495) 988-99-30. Электронная почта: stanok@mail.ru.

Мы будем вам благодарны за сотрудничество.

С уважением

商务广告函 (Рекламное письмо) 第15单元

Фрагмент 2.

Уважаемые господа!

Наша фирма в течение многих лет специализируется на комплектации объектов строительства и промышленных предприятий электротехническим оборудованием и кабельно-проводниковой продукцией.

За время работы наша фирма зарекомендовала себя надёжным и добросовестным партнёром, качественно и в установленные сроки выполняющим заказы своих клиентов независимо от их размера и отраслевого направления.

Предлагаем вам воспользоваться услугами нашей фирмы по поставке качественной и недорогой электротехнической продукции, производимой лучшими предприятиями России.

С нами можно связаться по факсу 7 (495) 211-94-94.

Надеемся на плодотворное сотрудничество.

С уважением

Фрагмент 3.

Уважаемые господа!

Вам будет интересно узнать, что мы недавно начали продавать замороженные овощи и фрукты, которые пользуются большим спросом на нашем внутреннем рынке.

Видя успех этих товаров внутри страны, мы предположили, что существует вероятность их продажи за границей, и мы бы очень хотели узнать ваше мнение касательно того, есть ли для них рынок сбыта в вашей стране.

Если вы согласитесь, мы будем рады направить вам образцы товаров для показа потенциальным покупателям.

Прилагаем бланк заказа на случай, если вы захотите сделать заказ безотлагательно.

С уважением

5. Переведите следующие фрагменты писем с китайского языка на русский.

Фрагмент 1.

尊敬的各位先生：

我们联合公司是中国大型企业之一。40多年来我们一直生产和销售耐火材料(огнеупорный)产品，在香港、日本和美国设有代表处。

我们对俄罗斯市场感兴趣，我们的产品已经通过一家英国公司销往乌拉尔地区。现在我们正在同俄罗斯许多企业进行谈判，我们也希望进口一些金属轧材(металлопрокат)。如果能够同你们企业建立双方互利的经济关系，我们将感到十分高兴。

此致

敬礼

Фрагмент 2.

尊敬的各位先生：

我们的信息服务(«Информсервис»)公司创建于1995年，公司成立20年来在信息技术和软件(программное обеспечение)市场上赢得了稳固的地位。

为使你们深入了解我们公司，随函附上我们公司的宣传材料，其中包括公司的发展历程、机构设置以及未来发展规划。

我们期望与你们建立紧密互利的合作关系。如果还需进一步了解我公司任何信息，请与我们联系。

此致

敬礼

Фрагмент 3.

尊敬的各位先生：

大力股份公司(АО «Дали»)从事起重机制造已经50余年，它是中国骨干机械制造公司之一。

公司的产品在国内外一万余家经销商中一直有很大的需求量。此外，公司的产品在国际展览会上多次获得金、银牌。如果你们对我们公司的产品感兴趣，请与我们公司联系，我们公司一定会向你们提供详细的商品说明材料及可行的价格。

若能尽早回复，我们将不胜感激。

此致

敬礼

商务广告函 (Рекламное письмо) 第15单元

6. Составьте письма по следующим требованиям.

1) Составьте рекламное письмо руководителю организации, осуществляющей оптовые закупки продукции.

2) Вы коммерческий директор фирмы «Елена» по продаже косметической и парфюмерной продукции. Вам необходимо провести рекламную компанию. Оформите рекламное письмо для деловых партнёров.

Слова и словосочетания

химикат 化学制品
текстиль 纺织品
лидер 领导者
косметический концентрат 浓缩化妆品
удовлетворить 使满足
коллекция (成套产品) 集锦
свитер 绒线衫
блок 成套的房屋组件
коттедж 别墅,单独小房
горюче-смазочный материал 燃料油与润滑油
эпоха 时代
нефтепродукт 成品油
приоритетный 优先的
дизельное топливо 柴油

стабильный 稳定的
Торгово-промышленная палата России
俄罗斯工商会
жилищный 住宅的
беленая целлюлоза 漂白纸浆
модернизация 现代化改装
мощность 生产设备
искусственное волокно 人造纤维,人造丝
солидный 可靠的
сверлильный станок 钻床
комплектация 配成全套,配套
кабельно-проводниковый 电缆线的
замороженный 冷冻的
безотлагательно 紧急地
парфюмерный 化妆品的

141

商务邀请函及其复函
(Письмо-приглашение и ответ на него)

导语：
　　商务邀请函是邀请某人或机构参与某项商务活动的信函，它一般包括邀请的目的、时间、地点、需要解决的问题，有时在邀请函中还涉及提供的交通工具、食宿安排和活动计划等内容。在商务邀请函的回复函中，回复方一般说明是否接受对方的邀请，如果拒绝对方的邀请，则应该礼貌地解释不能接受邀请的原因。

Образец 1.

ЗАО «Бряскмашстрой»　　　　　　　　　　　　　Директору
Россия, 241015, г. Брянск,　　　　　　　　　Компании «Фунлинь»
ул. Ульянова, 26　　　　　　　　　　　　　　　Линь Жуйтен

　　Уважаемый господин Линь!
　　Акционерное общество «Брянскмашстрой» свидетельствует Вам своё уважение.
　　С удовольствием сообщаем Вам, что наше предприятие принимает участие в выставке «Китайское машиностроение-2013», которая состоится с 10 по 15 июня в г. Пекине.
　　Приглашаем посетить нашу экспозицию, на которой Вы ознакомитесь с продукцией ЗАО «Бряскмашстрой».

　　С уважением
　　　　Директор отдела　　　　　　　　　　　В.В. Волков
　　по экспорту-импорту

参考译文（部分）：
尊敬的林先生：
　　布良斯克机械制造股份公司向贵方表示敬意并愉快地告知贵方，我们将参加6月10日至15日在北京举办的"2013中国机械制造"展览会。
　　现邀请贵方届时参观我们的展品，在参观期间贵方将会了解到我公司的产品的信息。
　　此致
敬礼

Образец 2.

ОАО «Северполиграф»
Россия, 123555, Москва,
ул. Народного Ополчения,
д. 83, корп. 12
http://www.sevpol.ru

Генеральному директору
«Городэкспо»
Китай, 116005, г. Далянь,
ул. Чаобэй, 126

Уважаемая Линь Цзя!

Позвольте поблагодарить Вас за приглашение принять участие в международной выставке «Интерполиграф-2013».

Просим выслать в наш адрес комплект документов для подачи заявления и заключения договора аренды экспозиционной площади.

Для рекламирования Вами нашей фирмы с письмом вместе приложено сведение о нашем предприятии.

С уважением
    Директор отдела сбыта   А.И. Петрова

参考译文（部分）：
尊敬的林佳：
    感谢贵方邀请我们参加《2013印刷品》国际展览会。
    请将有关参会所需文件发给我们，以便我们提交参会申请和签订展览场地的租赁协议。为了方便贵公司及时地用广告方式宣传我们企业，随函将我们企业的详细情况转交贵方。
      此致
敬礼

Образец 3.

Мебельная фирма «Пронто»
Россия, 199155, Санкт-Петербург,
пер. Декабристов, д. 7
Тел.: 7 (812) 339-99-99
Факс: 7 (812) 333-99-99
E-mail: pronto@mail.ru

Китай, г. Шэньян, район Хэпин,
пр. Молодежный, 900/1
Компания «Ляохэ»
Ма Лина

Уважаемая госпожа Ма Лина,

Благодарю Вас за приглашение и подтверждаю наш приезд в Шэньян седьмого февраля. Прошу забронировать один одноместный номер для меня и один двухместный номер для нашего директора Александра Петрова и его жены Марии.

> С нетерпением ждём встречи с Вами!
>
> С уважением
>   Директор отдела закупок   Александр Иванов
>
> 参考译文（部分）：
> 尊敬的马丽娜女士：
>   感谢贵方的邀请，我确认我们将于2月7日到达沈阳。请给我订一个单人房间，给我们经理亚历山大·彼得罗夫和他的妻子玛丽娅订一个双人房间。
>   急切期待与贵方会晤。
>   此致
> 敬礼

Пояснения：

1. 俄语商务信函中传统和陈旧的语言表达方式逐渐被现代俄语普遍使用的词或短语代替。例如，现代俄语商务信函直接用направляем代替при сем направляем，用этого года（текущего года）代替сего года，用сообщаем代替настоящим сообщаем，用который代替каковой，用указанный выше代替вышепоименованный，用для代替на предмет，用для代替настоящим предлагается，用письмо代替отношение，用в дело代替приобщить к делу，用при этом代替при сем，用прошу代替"прошу не отказать，用Ваш завод (отдел) 代替вверенный Вам завод (отдел)。

2. 商务邀请函及其回复函中使用的惯用语：

- Просим принять участие в …
- Примите наше приглашение…
- Разрешите (Позвольте) пригласить…
- Приглашаем… на…, которое состоится…
- Я имею честь пригласить… на…
- Мы хотели бы пригласить…
- Мы рады пригласить…
- Нам будет приятно видеть… на юбилее фирмы, который состоится…
- Мы были бы благодарны Вам (вам), если бы Вы (вы) могли принять наше приглашение на…
- Фирма (с удовольствием) приглашает принять участие в…
- Будем рады приветствовать… в выставочном зале №…
- Я чрезвычайно сожалею, что не могу принять Ваше (ваше) приглашение участвовать в ярмарке по…
- Мы получили Ваше (ваше) приглашение…, за которое Вам (вам) благодарны (признательны)…

商务邀请函及其复函 (Письмо-приглашение и ответ на него) 第16单元

Упражнения и задания:

1. Прочитайте следующие фрагменты писем и отметьте точные ответы к ним.

Фрагмент 1.

> Уважаемые господа!
>
> Подтверждаем получение вашего приглашения принять участие в ярмарке, которая будет проводиться с 22 по 30 марта в г. Далянь.
>
> Выставки-ярмарки, проводимые такой престижной выставочной организацией, как «Экспоцентр», очень популярны, всегда привлекают внимание производителей и торговых фирм разных стран мира.
>
> Мы надеемся стать постоянными участниками ваших выставок.
>
> Мы хотели бы получить от вас более подробную информацию об условиях участия в выставке: об аренде экспозиционной площади, о транспортировке контейнеров с грузом, о документах, которые мы должны вам прислать.
>
> На выставке мы представим нового типа станки, которые, надеемся, заинтересуют китайских покупателей.
>
> Будем вам признательны за оперативный ответ.
>
> С уважением

   1) Данное письмо представляет собой

     А. извещение.

     Б. напоминание.

     В. подтверждение.

     Г. приглашение.

   2) Отправитель письма запросил информацию о

     А. месте проведения ярмарки.

     Б. сроках проведения ярмарки.

     В. стоимости экспозиционной площади.

     Г. условиях участия в ярмарке.

   3) Отправитель письма хочет участвовать в ярмарке, потому что

     А. они хотят создать совместное предприятие по продаже своих товаров.

     Б. им нужен рынок сбыта для своих товаров.

     В. это очень престижная ярмарка.

     Г. они всегда принимают участие в ярмарках, организованных «Экспоцентром».

145

Фрагмент 2.

Уважаемые дамы и господа!

Приглашаем вас посетить наш стенд на Международной специализированной выставке товаров для детей «Детство-2012». Выставка будет проводиться с 12 по 15 марта 2012 г. в выставочном центре «Крокус Экспо» по адресу: Россия, г. Москва, Новинский бульвар, 11. Выставка будет открыта с 10.00 до 18.00.

Вашему вниманию будет представлен широкий ассортимент товаров для новорождённых, в т.ч. новинок 2012 г.

Будем рады видеть вас в числе наших гостей на выставке!

За дополнительной информацией вы можете обращаться по телефону 7 (906) 677-11-11.

С уважением

1) Отправитель письма занимается

    А. импортом бытовой техники.

    Б. производством пищевых продуктов.

    В. туристической операцией.

    Г. продажей изделий для детей.

2) Отправитель письма приглашает партнёров

    А. посетить все товары выставки.

    Б. на церемонию открытия выставки.

    В. ознакомиться с товарами фирмы.

    Г. проводить переговоры на выставке.

Фрагмент 3.

Уважаемый господин Ван Линь!

В соответствии с Вашим приглашением (факсом от 02 марта этого года и телефонным разговором на прошлом неделе) сообщаем Вам, что 21 марта наша делегация в количестве пяти чел. (состав делегации сообщили Вам факсом от 11 марта) вылетит в Пекин рейсом Аэрофлота 571 и возвратится из Пекина в Москву 30 марта.

На 23 марта в 14 часов намечена первая встреча делегации в Министерствах КНР. Тогда же будет определена программа пребывания в Даляне. Только часть нашей делегации вылетит в провинцию Ляонин 25 марта и возвратится в Пекин 27 утра.

С уважением

商务邀请函及其复函 (Письмо-приглашение и ответ на него)　第16单元

1) Отправитель письма будет совершать визит в Китае
   А. с 2-го марта по 21 марта.
   Б. с 11-го марта по 21 марта.
   В. с 21-го марта по 30 марта.
   Г. с 23-го марта по 25 марта.

2) Во время своего посещения Китая делегация будет проводить свою работу
   А. только в Пекине.
   Б. только в Даляне.
   В. только в провинции Ляонин.
   Г. в Пекине и в провинции Ляонин.

2. Переведите предложения с русского языка на китайский.

1) Акционерная компания «Регус» приглашает вас принять участие в юбилейном торжестве, которое состоится в большом зале Дворца Культуры 11-го июня в 17.00.
2) Я не смогу принять участие в этой международной ярмарке, так как у меня уже назначены переговоры в Астане с 10 по 15 апреля 2013 года.
3) Благодарим вас за факс и любезное приглашение посетить Китай.
4) Наша фирма высоко ценит сотрудничество с вами и ожидаем возможность оказать вам ответное гостеприимство.
5) Подтверждаем договорённости, согласно которым ваш представитель посетит Москву для проведения дальнейших работ.
6) Все расходы, связанные с вашим пребыванием в России, организатор ярмарки берёт на себя.
7) Компания ООО «ПневмоЭлектроСервис» имеет честь пригласить вас и ваших партнёров на 12-ю специализированную выставку «Энергетика и электротехника», которая будет проводиться в ЦМТЕ (Центр Международной Торговли Екатеринбурга) с 13.11.2014 г. по 15.11.2014 г.
8) С сожалением вынужден сообщить, что в связи с запланированной командировкой в эти дни не имею возможности принять вашего приглашения.

3. Переведите следующие предложения с китайского языка на русский.

1）伊万诺夫先生接受贵方关于参加新企业开业活动的邀请，他对贵方的邀请表示感谢。
2）由于拟定当天出差，所以他无法参加贵公司的周年庆典活动。
3）请贵方参观我们设在展览会上的展台，该展览会将于2月5日至2月8日在展览中心举行。
4）在我们的代表团访问贵国期间，贵方给予了热情接待，我们对此深表感谢。

5）光明股份公司邀请贵方参加2012年9月19日在大连举办的周年庆祝活动。

6）请允许我们邀请贵方在小范围内讨论我们公司的服务质量问题。

7）根据2012年6月30日签订的合同的规定，我们邀请贵方在下个月初参观设备制造厂。

8）我们的俄罗斯合作伙伴在大连得到了贵方的盛情款待，我们对此表示感谢。

4. Переведите следующие фрагменты писем с русского языка на китайский.

Фрагмент 1.

Уважаемые дамы и господа!

Компания «Райское местечко» приглашает вас посетить наш стенд на туристической выставке «Трэвелмаркет-2014». Выставка будет проводиться 12-15 марта 2014 года в ВЦ «Кроникс» по адресу: Россия, Нижний Новгород, пр. Шуйский, 121Б.

Мы будем рады представить всю информацию как о уже хорошо зарекомендовавших и пользующихся неизменным успехом маршрутах в Китай, Малайзию, Таиланд и страны Океании, так и предложить вам новые перспективные направления в Аргентину и Перу.

Надеемся увидеть вас в числе наших гостей на выставке!

За дополнительной информацией вы можете обращаться по телефону 7 (831) 628-36-54 или на сайт компании www.raiskoe.ru.

С уважением

Фрагмент 2.

Уважаемый Фань Лицзюнь!

Мы были бы весьма признательны, если бы Вы смогли нанести нам визит в город Иркутск в начале 2014 года.

Во время этого визита мы смогли бы обсудить вопросы, представляющие взаимный интерес, а также возможности нашего дальнейшего сотрудничества.

Просим в возможно короткий срок проинформировать нас о принятом Вами решении.

С уважением

Фрагмент 3.

Уважаемый господин Нельсон,

К нашему большому удовольствию сообщаем Вам, что наша новая продуктовая линия готова для Вашей проверки.

Мы считаем, что Вы будете восхищены сюрпризом, когда увидите некоторые из наших последних инноваций в концепции и дизайне, и приглашаем Вас посетить 12 апреля 2014 года наш демонстрационный зал (Россия, Москва, улица Пушкина, 56), где к Вашему удобству, будет организована демонстрация.

Мы с нетерпением ожидаем встречи с Вами в ближайшее время.

С уважением

5. Переведите следующие фрагменты писем с китайского языка на русский.

Фрагмент 1.

尊敬的尤里·伊万诺维奇：

第19届中国乌鲁木齐对外经济贸易洽谈会将于2010年9月1日至5日在中国新疆维吾尔自治区乌鲁木齐市举行。现诚邀您参加此次洽谈会并就贸易与经济技术合作有关问题进行洽谈，同时邀请您参加开幕式活动。

欢迎您的光临

Фрагмент 2.

尊敬的各位先生：

现邀请各位先生参加第16届中国国际投资贸易洽谈会，此次洽谈会将于2012年9月8日至11日在中国福建省厦门市举行。

厦门国际投资贸易洽谈会是重要的推动中国投资商广泛地和大规模地对外投资的国际性平台。

今年洽谈会主办方将增加俄罗斯代表的数量，计划届时单独举办中俄专题讨论会以及说明会。

详情请参阅网址：www.chinafair.org.cn

Фрагмент 3.

> 尊敬的各位先生：
> 　　第二十二届哈尔滨国际经济贸易洽谈会将于2011年6月15-19日在中国黑龙江省哈尔滨市举行。
> 　　届时将为中俄投资方举办投资项目说明会、中俄发展投资领域合作圆桌会议，主办方还将组织俄罗斯投资项目展览。
> 　　洽谈会主办方竭诚邀请各类企业及其他机构负责人携带成熟的投资项目参加哈尔滨洽谈会。

6. Напишите письма по следующим требованиям.

   1) Напишите письмо Сергею Андреевичу, в котором пригласите его на ярмарку, ежегодно устраиваемую 12 июля в вашем городе. Сообщите, что он может пригласить с собой до 4-х гостей. Попросите известить вас в ближайшее время, смогут ли они присутствовать. Подпишитесь именем Ван Хуна. Составьте ответ на приглашение от лица Сергея Андреевича.

   2) Составьте письмо-приглашение объединения «Экспоцентр» с предложением принять участие в международной общеотраслевой ярмарке в Пекине, которая будет проходить с 20 ноября по 10 декабря 2013 г. Данная ярмарка является одним из крупнейших торговых мероприятий стран Среднего и Дальнего Востока. В тексте надо указать, что участие в этой ярмарке позволяет широко представить экспортную продукцию организации, продать экспонаты со стенда, изучить особенности рынка, обменяться с другими участниками ярмарки научно-технической информацией и заключить выгодные сделки.

   3) Составьте письмо-приглашение на открытие выставочного стенда по международной выставке.

   4) Составьте письмо-приглашение на открытие нового предприятия.

   5) Составьте письмо-приглашение на презентацию новой продукции фирмы.

   6) Составьте письмо-приглашение на празднование юбилея фирмы.

商务邀请函及其复函 (Письмо-приглашение и ответ на него) 第16单元

Слова и словосочетания

машиностроительный 制造机器的
свидетельствовать 对……表示（尊敬）
аренда 租赁，租借
назначить 确定，指定
престижный 有声望的，声誉高的
оперативный ответ 及时的回复
специализированная выставка 专业展览会

новорождённый 新生婴儿
новинка 新产品
пребывание 逗留，停留
продуктовая линия 食品生产线
восхитить 高兴，乐事
инновация 新事物，创新事物
концепция 观念

商务贺信
(Письмо-поздравление)

导语：
　　商务贺信是对相应的合作企业、机关和个人等表示祝贺时使用的商务礼仪信。商务贺信使用范围较广，特别是在某种值得庆贺的纪念活动或某种具有纪念意义的时刻，例如某一公司成立的周年时刻、重大的节日、企业某领导人或有关人员生活中的重要纪念日以及某一相关企业取得重大业绩时，均可以向其企业或领导人发出贺信。贺信的内容可长可短，短的贺信可以只用一两句话简单表示祝贺意义，语言内容较多的贺信一般展开说明对方在过去取得的成绩，表达珍视与对方的关系，或者表示敬重对方，感谢对方给予的合作。
　　商务贺信既要具有商务信函的语言特征，同时还要表现出真诚和热情的语气。在对贺信的回复信中，可以表示感谢对方对本方的良好祝愿，也可以高度评价对方的各项优秀品质，表达对双方未来合作的信心以及表示对对方的良好祝愿。

Образец 1.

ЗАО «Родник Софт»　　　　　　　　　　　　　　　　　Председателю
Россия, 460026, г. Оренбург,　　　　　　　　　　　　Совета директоров
ул. Набережная, д.25　　　　　　　　　　　　Корпорацип «Востокэкспорт»
№ 08/67　　　　　　　　　　　　　　　　　　　　　　　Фу Цзиминю
17.02.2011

О поздравлении с избранием на должность председателя Совета директоров

Уважаемый Фу Цзиминь!

　　Искренне поздравляем Вас с избранием председателем Совета директоров Корпорации «Востокэкспор».
　　Ваш опыт и высокая профессиональная подготовка послужат дальнейшему укреплению положения Вашей компании в системе внешнеэкономических связей.
　　Надеемся на сохранение и развитие взаимовыгодного сотрудничества наших компаний.
　　Желаем Вам крепкого здоровья, успехов и процветания!

С наилучшими пожеланиями
　　Генеральный директор　　　　　　　　　　　　　　　　Л.Д. Хорошев

商务贺信 (Письмо-поздравление) 第17单元

参考译文（部分）：

致傅金民董事长的
贺信

尊敬的傅金民：

欣闻您当选东方出口公司董事长，谨向您致以热烈的祝贺。

您的宝贵经验和高度的职业素养一定能够为进一步加强贵公司在对外经济活动中的地位提供帮助。

愿我们公司之间的互利合作关系不断发展和加强。

祝您身体健康、事业蒸蒸日上！

顺致最美好的祝福

Образец 2.

ОАО «Бумага-Импорт»
Россия, 690091 г. Владивосток,
ул. Пограничная 15 В
Тел.: 7 (423) 240-09-88
E-mail: mek@mail.ru

Директору ОАО
«БелАстрон»
Шалыгину Д.Ф.

Уважаемый Дмитрий Феоктистович!

От имени руководства ЗАО «Бумага-Импорт» и от себя лично сердечно поздравляю Вас и Ваших коллег с Новым, 2014, годом. Для наших предприятий уходящий год был ознаменован слаженной и результативной совместной работой. Это даёт мне основание надеяться на продолжение взаимовыгодного сотрудничества в наступающем году.

Прошу Вас принять по случаю главного праздника года наши самые наилучшие пожелания. Пусть 2014 год будет для возглавляемого Вами предприятия и Вас лично более радостным и благополучным.

С уважением
  Директор ОАО «Бумага-Импорт» Пётр Макарович

参考译文（部分）：

尊敬的德米特里·费奥科吉斯托维奇：

值此2014年到来之际，我谨代表纸张进口股份公司全体领导并以我个人的名义，向您和您的全体同仁致以衷心的祝贺。对于我们双方企业来说，过去的一年是我们协同工作并富有成效的一年。因此，我有理由相信，在即将到来的一年里，我们的互利合作一定会得到进一步发展。

最后，请接受我们最美好的祝愿，祝愿您以及您领导下的企业全体员工在2014年快乐平安。

此致

敬礼

Образец 3.

ООО «Первоцвет» Генеральному директору
Россия, г. Анапа, ул. Круговая, 10/5 ООО «Болу»
Телефон: 7 (0000)23-12-87; Го Ли
Факс: 7 (0000) 23-12-87
E-mail: pertc@delo-ved.ru
О поздравлении с юбилеем фирмы

Уважаемый Го Ли!

С огромным удовольствием поздравляем Вас и весь коллектив ООО «Болу» с замечательным юбилеем – десятилетием со дня основания фирмы. Мы искренне рады, что Ваша фирма достигла таких грандиозных успехов и занимает заметное положение на рынке машиностроения России. Для нас было истинным удовольствием все прошедшие годы быть партнёрами по бизнесу.

Желаем Вам не останавливаться на достигнутом и воплотить в жизнь Ваши самые смелые планы. Успеха и удачи в любых начинаниях!

С уважением

Генеральный директор　　　　　　　　　Т.И. Овчаренко

参考译文（部分）：
尊敬的高磊：

喜闻博陆有限责任公司成立十周年，谨致以热烈的祝贺。十年来，贵公司在俄罗斯的机械制造业市场上取得了非凡的成就，为此我们感到由衷的高兴。同时，我们对于双方多年来商务伙伴关系的发展感到十分满意。

祝愿贵公司再接再厉，勇于实践，不断创造新的辉煌业绩！

Пояснения

1. 俄语商务信函的语言表达方式越来越趋向于简洁准确，例如使用из-за代替по причине、使用просим代替мы просим、使用сообщаем 代替 "мы сообщаем、使用сотрудничать代替сотрудничать вместе。

2. 贺信及回复贺信中的惯用语：

- Поздравляем... в связи с...
- Искренне (Сердечно) поздравляем... с...
- Примите наши искрение поздравления в связи с...
- Будьте счастливы в Новом году!
- Будьте здоровы! Живите богато!
- Счастья в Новом году и весёлого Рождества!
- Успехов и радости (здоровья, счастья, благополучия, мира и тепла...) в

Новом (будущем) году!
- Удачи и любви в наступающем году!
- Радости и добра! С Новым годом!
- Благодарим за Ваше (ваше) поздравление по случаю...
- Ваше письмо доставило огромное удовольствие.

Упражнения и задания:

1. Прочитайте следующие фрагменты писем и отметьте точные ответы к ним.
Фрагмент 1.

> Уважаемый господин Дыков!
>
> От имени и по поручению перестраховочной группы «Скор» (Франция) поздравляю уважаемую компанию «Гефест» со славным юбилеем!
>
> Мы знаем Вашу компанию как первоклассную страховую организацию с достойнейшими акционерами, крепким страховым портфелем, широким кругом партнёров в России и за её рубежами, с профессиональным и динамичным коллективом во главе с Вами.
>
> Мы гордимся тем, что нам достойно участвовать в Вашей перестраховочной программе, и мы надеемся на дальнейшее развитие нашего сотрудничества.
>
> Сегодня мы совпадаем с Вами по времени проведения праздника, и это случайно. Но, я надеюсь, абсолютно закономерно и постоянно совпадение наших базовых подходов и взглядов на развитие страхового бизнеса и на партнёрские отношения между профессионалами.
>
> Желаю процветания уважаемой компании «Гефест», а также крепчайшего здоровья, счастья и удачи в делах Вам лично и всем Вашим коллегам!
>
> Искренне Ваш

Компания «Гефест» и группа «Скор» совпадают по времени проведения дня

А. рождения сотрудников их фирм.

Б. страховщиков.

В. основания совета директоров.

Г. основания фирм.

Фрагмент 2.

> Уважаемые господа!
>
> Позвольте поздравить вас с замечательным юбилеем: 20-летием со дня основания компании. Такой продолжительный период работы уже говорит о многом, прежде всего, о правильном стратегическом выборе партнёров по бизнесу.
>
> С компанией ЗАО «Итертелекоммуникация», начиная с 2007 года, нас связывают не только профессиональные, но и личные дружеские взаимоотношения на уровне руководства. Нашим взаимным сотрудничеством довольны и немецкие инвесторы–соучредители германского ООО «Джокей». Для нашего предприятия очень важно иметь взаимовыгодные отношения с такой надёжной компанией, как ЗАО «Итертелекоммуникация», потому что мы чувствуем уверенность за своё настоящее и будущее.
>
> Мы всегда видим внимание и отмечаем скорость и качество оказываемых нам услуг. Желаем ЗАО «Итертелекоммуникация» дальнейших успехов, доминирования на рынке телекоммуникационных услуг и верим, что совместно отметим ещё не один юбилей.

Отправитель письма и ЗАО «Итертелекоммуникация» соединены вместе потому, что

    А. у них общий стратегический выбор товара.
    Б. между ними существует сотрудничество.
    В. немецкие инвесторы довольны их сотрудничеством.
    Г. между ними существуют профессиональные и личные дружеские взаимоотношения на уровне руководства.

Фрагмент 3.

> Уважаемый Павел Владимирович!
>
> Разрешите поздравить Вас и коллектив возглавляемого Вами ОАО «Внешэкономбанк» с юбилеем - 20-летием начала деятельности на рынке международных банковских услуг. ОАО «Внешэкономбанк», являясь одним из системообразующих банков мира, занимает лидирующие позиции в банковской отрасли, вносит существенный вклад в реализацию международных инвестиционных проектов, признан авторитетным институтом в международных финансовых кругах.
>
> 20 лет - это знаковая дата для финансового учреждения. На протяжении нелёгких лет становления современной банковской системы «Внешэкономбанк»,

неизменно следуя своему девизу: «Традиция, Надёжность, Компетентность», строил отношения с клиентами на принципах долгосрочного взаимовыгодного партнёрства и неукоснительного выполнения обязательств, предлагая при этом высочайший уровень сервиса. Успешное развитие банка на всех этапах обеспечено грамотным руководством, профессионализмом команды, следованием мировым стандартам ведения банковского бизнеса, духом новаторства и высоким уровнем ответственности.

От имени компании IBA и себя лично желаю коллективу ОАО «Внешэкономбанк» смелых бизнес-идей, реализации грандиозных планов, осуществления самых амбициозных инновационных проектов, постоянного расширения спектра банковских услуг, финансовой устойчивости, корпоративной сплочённости.

Пусть остаётся незыблемой информационная безопасность Вашего банка, постоянно крепнет доверие со стороны Ваших клиентов, а их сбережения неограниченно растут.

Пусть светлые впечатления от каждого нового дня и отменное здоровье позволят Вам лично и всему коллективу банка с полной отдачей посвящать себя любимому делу, а накопленный опыт - достичь в нём самых высоких вершин!

Наша компания гордится сотрудничеством с «Внешэкономбанком» и впредь рассчитывает быть его надёжным партнёром в реализации инновационных проектов.

С уважением

Успешное развитие «Внешнеэкономбанк» зависит от
  А. своего лидирующего места в банковской отрасли.
  Б. своего девиза.
  В. отношений с друзьями.
  Г. грамотного руководства, следованием стандарта работы и усилием команды.

2. Переведите следующие предложения с русского языка на китайский.
  1) Тепло и сердечно поздравляю Вас и весь коллектив со знаменательной датой - 45-летием ОАО «Стальмонтаж»!
  2) Примите сердечные поздравления с вашим замечательным юбилеем–25-летием со дня образования предприятия.
  3) Сердечно поздравляем своих многолетних партнёров и друзей с

этим важным событием и желаем дальнейших успехов в вашей многотрудной деятельности.
4) Мы имеем честь поздравить Вас и всех работников ООО «GSK» со знаменательным событием - 35-летием со дня основанием предприятия!
5) Хотя мы и не сможем быть вместе с Вами в этот знаменательный день, душой и сердцем мы с Вами.
6) Наш коллектив неизменно будет надёжным и дружественным партнёром вашей фирмы.
7) Мы ценим сложившиеся партнёрские отношения и всегда рады сотрудничеству!
8) Разрешите поздравить Вас и в Вашем лице весь коллектив ООО «GBR» с большим праздником - 25-летием со дня создания Вашего предприятия.

3. Переведите следующие предложения с китайского языка на русский.
1）今天的周年庆典活动是新成绩的起点，也是新胜利的开端。
2）我们相信，贵方将一如既往地顺利完成公司提出的各项任务，实现宏伟计划。
3）在这个隆重的日子里，真诚地祝你们身体健康，平安幸福，活力永驻！
4）我们刚刚得知，您被委任为贵公司总经理，在此祝愿您事业有成。
5）我们希望，我们的业务关系在这种彼此信赖的令人满意的气氛中能够继续发展。
6）虽然贵公司进入消费市场的时间短，但已经充分显示了自己的实力，在商品销售方面已经占有主导地位。
7）在公司周年庆典的时刻，我祝拉娜(Лана)有限责任公司的所有工作人员幸福安康、祝愿你们再创辉煌！
8）我谨代表华盛（Хуашэн）公司并以个人的名义祝您生日快乐！

4. Переведите следующие фрагменты писем с русского языка на китайский.
Фрагмент 1.

> Уважаемый Олег Петрович!
> От имени коллектива ОАО «Нефтемаш» и от себя лично поздравляю Вас и работников Вашего предприятия со знаменательной датой - 35-летием со дня образования!
> В этот праздничный день желаю Вам и всем работникам компании «Синван» крепкого здоровья, бодрости духа и благополучия. Уверен, что успехи, достигнутые Вашей фирмой к настоящему времени, вскоре будут дополнены новыми свершениями.
> Надеемся на дальнейшее сотрудничество.
>
> С уважением

商务贺信 (Письмо-поздравление) 第17单元

Фрагмент 2.

Дорогая Наталья!

Примите мои поздравления по поводу Вашего назначения вице-президентом компании «Снежная королева». Я уверен, что Вы этого действительно заслуживаете, и в компании скоро поймут, как им повезло!

Надеюсь, что дела у Вас пойдут хорошо с самого первого дня.

С наилучшими пожеланиями

Фрагмент 3.

Дорогие коллеги, друзья!

От всей души поздравляем вас с 35-летием со дня основания! Желаем процветания вашему бизнесу!

Всему коллективу компании «Игно» желаем крепкого здоровья, профессиональных успехов и финансового благополучия! Пусть клиенты вашей компании будут богатыми и удачливыми! Желаем, чтобы наше сотрудничество было лёгким, многолетним и взаимовыгодным!

С уважением

5. Переведите следующие фрагменты писем с китайского языка на русский.

Фрагмент 1.

尊敬的斯捷潘诺夫先生：
　　值此新春佳节到来之际，我们龙华(Лунхуа)公司全体员工衷心祝愿您新年快乐。我们对您过去一年里取得的成绩表示热烈祝贺。我们相信，在2014年双方的合作能够取得更大的成就。
　　真诚祝愿您幸福、健康、万事如意！
　　此致
敬礼

Фрагмент 2.

> 尊敬的加琳娜·鲍里索娃：
> 　　我谨代表我们公司全体人员向您表示诚挚的感谢，感谢您对我们公司成立60周年的热烈祝贺。
> 　　我们真诚地希望，我们企业之间已建立的互利关系得到继续发展。借此机会，我们向您以及您公司的工作人员致以良好祝愿，祝愿你们在工作中不断取得新的成绩。
> 　　此致
> 敬礼

Фрагмент 3.

> 亲爱的李女士：
> 　　我非常高兴您将成为新的销售部经理，对您得到这个任命表示真诚的祝贺，祝愿您在新的岗位上取得更大的成绩。
> 　　我希望我们的合作能更加积极，我们的关系更加友好。
> 　　此致
> 敬礼

6. Составьте письма по следующим требованиям.

1) Составьте письмо-поздравление в связи с продвижением по службе партнёру.

2) Составьте письмо-поздравление по случаю юбилейной даты партнёру.

3) Составьте письмо-поздравление с Новым годом и Рождеством партнёру.

Слова и словосочетания

профессиональная подготовка 职业素养	соучредитель 共同创始人，共同发起人
ознаменовать 以……来纪念	доминирование 优势，支配
слаженный 协调的，协同一致的	телекоммуникационный 电讯的
результативный 有成果的	неукоснительный 严格的
возглавлять 领导，率领	амбициозный 雄心勃勃的
грандиозный 巨大的	незыблемый 稳固的
воплотить (что) в жизнь 实现	отменный 极好的，出色的
перестраховочная группа 再保险集团公司	отдача 贡献
портфель 总存量	менеджмент 管理
динамичный 生机勃勃的	свершение 成就，完成的事

感谢信
(Письмо-благодарность)

导语:

商务活动中的感谢信的重要作用是加强商务合作伙伴之间的友好关系，它主要是表达对于对方完成某种委托、合作和接待以及对对方给予某事件的祝贺等行为的谢意。例如，当接受新客户的第一个订单、客户提供大额订单、收到客户的及时付款或货物、得到客户提供的其他服务等情况时，往往通过感谢信表达谢意。与其他商务信函相比，感谢信中一般很少使用固定的语言表达模式，但是感谢信的内容模式比较固定，一般是首先表示谢意、然后说明致谢的缘由、最后表明愿望和希望以及敬意等。

Образец 1.

ООО «Индиго»
Россия, 117186, Москва,
Севастопольский пр., д. 101
Тел.: 7 (495) 723-71-78;
факс: 7 (495) 723-71-79

Компания «Лун Фу»
100027 Китай, г. Пекин,
ул. Чаоянмэнбэй, 666
Тел.: 86 (10) 80-08-02-06
Факс: 86(10) 80-90-85-80

Уважаемые партнёры!

Выражаем вам нашу искреннюю благодарность и глубокую признательность за плодотворное сотрудничество в уходящем 2013 году.

Мы верим в сохранение сложившихся деловых отношений, надеемся на дальнейшее взаимовыгодное сотрудничество в 2014 году. Желаем успешного развития и достижения новых вершин в бизнесе.

С уважением
                Директор ООО «Индиго»   И.А. Иванов

参考译文（部分）:

亲爱的合作伙伴们：

在2013年即将过去之际，请接受我们对贵方表达的诚挚谢意，感谢贵方在过去的一年里给予我们的富有成果的合作。

我们相信，在2014年里，我们会继续保持业已形成的业务关系。同时，我们也相信，我们的互利合作一定会进一步加深。

最后，祝你们在商务工作中不断取得新的成绩！

此致

敬礼

Образец 2.

ОАО «Центртранс»
Россия, 454000, г. Челябинск,
пр. Ленина, 55

ООО «Северцемент»
Китай, г. Далянь,
пр. Народа, 95
Ли Дунвэну

Уважаемый Ли Дунвэнь!

Выражаю Вам от имени коллектива ОАО «Центртранс» сердечную благодарность в связи с поступившими в адрес нашего предприятия поздравлениями по случаю 60-летия со дня основания.

Мы искренне надеемся, что сложившиеся между нашими предприятиями прочные взаимовыгодные деловые отношения получат своё дальнейшее развитие. Пользуясь случаем, передаю Вам и всем Вашим сотрудникам пожелания успехов в работе, процветания, мира и счастья.

С неизменным почтением

Генеральный директор ОАО «Центртранс»   К.А. Борисова

参考译文（部分）：

尊敬的李冬文：

在运输中心股份公司成立60周年之际，我谨代表公司全体员工对您表达的祝贺之意表示诚挚的感谢。

我们真诚地希望，我们企业之间已建立的紧密的互利业务关系不断发展。借此机会，我祝愿您以及您公司的全体员工事业有成，平安幸福！

顺致敬意

Образец 3.

ООО «Техно-М»
Россия, г. Санкт-Петербург,
ул. Победы, 16
http://www.tehnom.ru

Генеральному директору
шанхайской компании
«Металлпродукт»
Лю Яогану
Китай, г. Шанхай,
ул. Даляньси, 12

感谢信（Письмо-благодарность） 第18单元

Уважаемый г-н Лю!

Благодарим Вас за поздравление с Новым годом, которое Вы прислали в адрес нашей фирмы. Нам очень приятно, что при таком большом объёме работы, которую Вы и Ваши коллеги ведут с нами, Вы находите время вспомнить также о праздниках.

Благодарим Вас за пожелания здоровья всем нашим сотрудникам и процветания всей компании в целом. Мы также желаем всему коллективу Вашей компании и каждому сотруднику отдельно здоровья, счастья и процветания.

Ещё раз благодарим Вас.

С уважением
    Директор компании « Техно-М»   И.Н. Игорь

参考译文（部分）：
尊敬的刘先生：
    感谢您给我们公司发来的新年贺信。您和您的同事在与我们合作的同时，仍然在百忙之中向我们祝贺节日，对此我们感到十分愉快。
    感谢您对我们全体员工以及公司未来发展的良好祝愿，我们也祝愿你们全体员工健康幸福、祝你们公司繁荣昌盛。
    再次表示感谢。
    此致
    敬礼

Пояснения:

1. 俄语商务信函中经常使用一些能够加深对方印象，或者影响对方态度的形容词，如果使用恰当，这样的词能够改变整个信函的口吻，甚至增加语言内容的说服力。其中常见的有：изумительный、драматический、вдохновляющий、увлекательный、уважаемый、выдающий、очаровательный、привлекательный、впечатляющий、поразительный、удивительный、заметный、красивый、достопримечательный、главный、пленительный、значительный、палящий、живой、горячий、активный、энергичный、деятельный、активный、оглушающий、ошеломляющий、мучающий、незабываемый、трепещущий、приятный、мировой。

2. 根据具体内容的差异，俄语商务信函使用不同意义的动词，但是以下动词在商务信函中的使用频率相对较高：благодарить、дать、просить、согласиться、производить、оплатить、поставить、отгрузить、пригласить、подтвердить、выполнить、решить、завершить、направить (отправить)、обратить (внимание на...)、ввести (в эксплуатацию)、осуществить (реализовать)、создать、

163

организовать、обеспечить、сообщить、представить、уточнить、установить。

3. 感谢信中的惯用语：

- Благодарю (благодарим)... за... в...
- Выражаем Вам (вам) (свою) благодарность за...
- Выражаем глубокую признательность за...
- Хочу выразить мою благодарность за все Ваши (ваши) усилия...
- Позвольте Вас (вас) поблагодарить за...
- Позвольте (Разрешите) выразить Вам (вам) (искреннюю) благодарность за...
- Позвольте воспользоваться случаем, чтобы поблагодарить...
- Компания «X» выражает искреннюю благодарность за...
- Выражаю свою благодарность...
- Мы исключительно благодарны Вам (вам) за ...
- Примите нашу благодарность за поздравления (помощь; соболезнования; содействие в решении; приглашение; тёплый и дружественный приём; понимание и поддержку в трудную минуту; внимание и заботу; оперативный ответ по существу нашего обращения...)...
- Пользуясь случаем, прошу передать руководству организации (совету директоров; компании; президенту банка; собранию акционеров; коллективу предприятия; Вашим коллегам; господину...) мою благодарность (нашу признательность; пожелания всего наилучшего; наше удовлетворение)...

Упражнения и задания:

1. Прочитайте следующие фрагменты писем и отметьте точные ответы к ним.
Фрагмент 1.

Уважаемый господин Ван!

Сейчас, когда я и мои коллеги вернулись в Россию, хочу ещё раз поблагодарить Вас за тёплый и радушный приём, который Вы оказали нам во время пребывания в Китае. Уверена, что состоявшиеся переговоры принесут немалую пользу в развитии наших деловых отношений и между нашими коллегами, сложились не только хорошие рабочие, но и по-человечески тёплые отношения. Думаю, что в дальнейшем это поможет эффективно решать любые вопросы на основе взаимного доверия, открытости и надёжности.

Передайте благодарность всем тем, кто способствовал успешному проведению наших переговоров.

С уважением

感谢信 (Письмо-благодарность) 第18单元

1) Отправитель письма выражает благодарность господину Вану за
   А. оказанную помощь.
   Б. за его пребывание в Китае.
   В. за оказанную ей помощь.
   Г. за тёплый и радушный приём.

2) Отправитель письма уверена в том, что
   А. переговоры проведут в дальнейшем.
   Б. переговоры принесут пользу в развитии отношений между ними.
   В. на переговорах решат все вопросы.
   Г. после переговоров она будет в Китае.

Фрагмент 2.

> Уважаемый господин Андреев!
>
> От имени моих коллег и от себя лично я бы хотел выразить благодарность Вам и Вашим сотрудникам за гостеприимство во время нашего недавнего визита на Вашем предприятии. На нас произвело большое впечатление всё, что мы увидели, и наши переговоры во время краткого пребывания у Вас были очень результативными.
>
> Если у Вас или у Ваших коллег будет возможность побывать в Китае, мы будем рады показать Вам наше оборудование на месте, в Шанхае.
>
> Ещё раз благодарим Вас за исключительно тёплый приём.
>
> Искренне Ваш

1) Отправитель письма выражает свою благодарность Андрееву за
   А. переговоры.
   Б. визит.
   В. оказанное ему впечатление.
   Г. гостеприимство.

2) Отправитель письма хочет показать Андрееву
   А. Москву.
   Б. Шанхай.
   В. предприятие.
   Г. оборудование.

Фрагмент 3.

Дорогие друзья!

От всей души благодарим вас за сотрудничество с нашей фирмой в 2013 году.

Уверены, что те поставки, которые были осуществлены за прошедший год, принесли пользу и вашей, и нашей фирмам. Мы искренне признательны всем специалистам вашей фирмы, которые обеспечивали высокое качество поставляемых товаров и четкий график отгрузки.

Надеемся, что сотрудничество наших фирм будет продолжаться так же успешно и в будущем году, и обе наши фирмы будут развиваться и процветать.

С уважением

1) Отправитель письма выражает
   А. благодарность за сотрудничество с их фирмой.
   Б. уверенность в том, что поставленные товары принесут прибыль обеим фирмам.
   В. уверенность в том, что будет сотрудничество между обеими фирмами.
   Г. уверенность в том, что специалисты будут по графику поставлять товары.

2) Отправитель письма надеется на
   А. дальнейшее сотрудничество между обеими фирмами.
   Б. высокое качество поставляемых товаров.
   В. развитие и процветание обеих фирм.
   Г. дальнейшее сотрудничество, развитие и процветание обеих фирм.

2. Переведите следующие предложения с русского языка на китайский.

1) Позвольте выразить Вам свою признательность за пожелания, которые Вы любезно направили в адрес нашей фирмы.

2) Пользуемся случаем, чтобы выразить благодарность за оказанное нам доверие, и надеемся на получение от вас новых заказов.

3) Выражаю благодарность за вашу помощь, оказанную мне во время моего визита.

4) Мы хотим выразить наши поздравления по случаю юбилея вашей компании.

5) Благодарим Вас за меры, предпринятые по организации деловых встреч.

6) Надеемся, что наши деловые отношения будут продолжать развиваться в атмосфере взаимного доверия.

7) Благодарим вас за доверие, которое вы любезно проявили, направив свой заказ в адрес нашей фирмы.

8) Подтверждая получение вашего заказа, хотели бы поблагодарить вас за оказанное нам доверие и подтвердить постоянную готовность строго выполнять условия поставок.

3. Переведите следующие предложения с китайского языка на русский.
1）胜利公司职工在提供商品时表现出很高职业素养，我们对此表示感谢。
2）感谢贵方给予了我们代表王英凡先生的友好接待。
3）感谢您在我们办事处成立时的热情祝贺。
4）佳润（Цзяжунь）公司向西伯利亚贸易（Сибирьторг）有限责任公司员工表示感谢，同时希望继续开展积极的富有成果的合作。
5）我们的代表团在贵公司逗留期间，贵方给予了热情接待，请允许我对此表示感谢。
6）贵方于10月18日来信通知我们说，弗拉基米尔·瓦西里耶维奇将于10月30抵达大连，我们对贵方的来信表示感谢。
7）我们向我们可靠的合作伙伴表示感谢，你们总是准确及时地履行合同。
8）鑫利（Синьли）公司全体员工向贵方表示真诚感谢，感谢贵方在过去的一年给予我们富有成果的合作。

4. Переведите следующие фрагменты писем с русского языка на китайский.
Фрагмент 1.

Уважаемая Ван Ли!
Примите искреннюю благодарность с нашей стороны за то, что Вы так быстро рассмотрели нашу рекламацию. Благодаря этому мы можем быстро урегулировать это дело внутри нашей страны. Теперь у нас нет необходимости просить клиентов подождать. Этим Вы избавили меня от многочисленных телефонных звонков, а также от раздражения наших клиентов.

С искренним уважением

Фрагмент 2.

Уважаемые господа!

Все эти годы ОАО «Нико-банк» неуклонно укреплял и приумножал свой главный капитал - доверие клиентов, партнёров по бизнесу и акционеров.

«Нико-банк» занимает достойное место среди банков всего мира, в этом мы признаем и ваш вклад.

В этот день от всего коллектива и от себя лично выражаю вам искреннюю признательность и благодарность за оказанное доверие нашему банку, плодотворное сотрудничество.

С наилучшими пожеланиями

Фрагмент 3.

Уважаемый Лю Хаофэн!

Я хочу поблагодарить Вас за оказанный мне радушный приём. Было очень приятно общаться и сотрудничать с представителями Вашей фирмы. Уверен, что состоявшиеся переговоры поспособствуют дальнейшему развитию деловых отношений. Передайте также благодарность всем тем, кто участвовал в организации нашей встречи.

С уважением

5. Переведите следующие фрагменты писем с китайского языка на русский.

Фрагмент 1.

尊敬的安娜·瓦西里耶芙娜：
衷心感谢贵方对我的热情接待。我即将离开俄罗斯这片热情好客的土地，但是我感到非常满足，因为在我的访问期间，贵方为发展我们公司之间的经济联系做了重要的工作。
祝您身体健康，万事如意！
顺致深深的敬意

感谢信 (Письмо-благодарность) 第18单元

Фрагмент 2.

尊敬的彼得罗夫先生：
　　能够在上周访问莫斯科期间与您相识，我感到十分满意。我在俄罗斯期间，您给予了我热情的款待，我向您表示感谢。
　　我认为我的此次访问取得了成功，同时我希望您的哈尔滨之行也将同样十分有益。
　　期盼与您的见面。
　　您真诚的朋友

Фрагмент 3.

尊敬的伊万诺夫先生：
　　我想以我们全体成员的名义向您表示诚挚的感谢，为了我们代表处的尽早开业，您花费了大量的时间与精力。我们代表处开业活动非常成功，您无疑为我们业务活动的顺利起步发挥了促进作用。
　　此致
敬礼

6. Составьте письма по следующим требованиям.
   1) Составьте письмо-благодарность с указанием влияния данного визита на развитие дальнейшего делового сотрудничества.
   2) Составьте письмо-благодарность за оказанное гостеприимство.
   3) Составьте письмо-благодарность с указанием на организацию ответного визита.

Слова и словосочетания

сложиться 建立，建造成	раздражение 气愤，恼怒
деловые отношения 业务关系	неуклонно 不动摇地，一贯地
объём работы 工作量	приумножать 使……增多
радушный приём 殷勤接待，亲切接待	достойный 应有的
предпринять 开始进行	

参考答案

第1单元　俄语商务信函概述(Характеристика коммерческой корреспонденции)　　(略)

第2单元　询盘函 (Письмо-запрос)

1. Прочитайте следующие фрагменты писем и отметьте точные ответы к ним.

   Фрагмент 1.　　　　　Фрагмент 2.　　　　　Фрагмент 3.
   1) А.　2) Б.　3) Б.　　1) Г.　2) Г.　　　　1) Г.　2) Г.

2. Переведите следующие предложения с русского языка на китайский.

   参考译文

   1）我们从俄罗斯商会得知，贵方进行布匹出口活动，我们想了解贵方开展这项活动的条件。
   2）贵方如能在接到该询盘之后立即提供汽车价格单，我们将不胜感激。
   3）如果贵方能够保证立即供货并提供真正有竞争力的价格，我们将向贵公司下订单。
   4）我们研究了贵方所有发动机备件的最新产品目录清单。
   5）如贵方可以提供最优惠的价格、供货及支付条件，我们将不胜感激。
   6）请告知我们在2014年11月10日之前是否可以提供500套工具架，同时也请告知我们支付与供货条件。
   7）我们所需的订货数量将在得知价格后另行通知。
   8）我们有意购买你们在广告中宣传的传感器，如果您可以提供该产品的完整信息，我们将不胜感激。

3. Переведите следующие предложения с китайского языка на русский.

   参考译文

   1) В соответствии с нашей договорённостью направляем вам запрос на поставку морепродуктов.
   2) Были бы признательны, если бы вы прислали ваш каталог и прайс-лист упаковочных машин.
   3) Имеем честь обратиться к вам с просьбой поставить нам автоматический регулятор, выпускаемый вашим предприятием.
   4) Мы бы хотели получить более подробную информацию о технических характеристиках вашей продукции.
   5) Я бы хотел сообщить вам, что наша фирма намеревается купить электронный термометр.
   6) Мы видели ваш продукт на выставке и хотели бы, чтобы вы выслали нам коммерческое предложение.
   7) Если ваши цены устроят нас, мы будем регулярно заказывать вашу продукцию.
   8) Китайская экспортно-импортная фирма заинтересована в закупках в России химических удобрений.

参考答案

4. Переведите следующие фрагменты писем с русского языка на китайский.

参考译文1.

> 尊敬的各位先生：
> 　　我们公司是洗衣机的主要生产企业之一。根据生产需求，我们需要大量购买功率为300瓦的电动机。
> 　　我们希望贵方能提供这样的电动机的报价，同时请说明运费情况。
> 　　期待贵公司详尽的报价。
> 　　此致
> 敬礼

参考译文2.

> 尊敬的各位先生：
> 　　几年前我们从贵公司购买了一批三种不同品牌的毛刷。现请通知我们，现在贵公司是否生产这些品牌的毛刷，同时告诉我们CIF大连港交货的最低价格。我们要求在下订单后的3周内必须供货。由于事情紧急，如能尽快回复将不胜感激。
> 　　此致
> 敬礼

参考译文3.

> 尊敬的各位先生：
> 　　近三年来我们公司开始销售国外不同品牌的汽车，并为国外生产商建立了很大的销售市场。
> 　　我们对贵公司在上海举行的国际展览会上所展示的新产品感兴趣，请贵公司给我们提供汽车的报价。
> 　　望尽快回复。
> 　　此致
> 敬礼

5. Переведите следующие фрагменты писем с китайского языка на русский.

参考译文1.

> Уважаемые господа!
> 　　Просим вас прислать предложение на поставку 60 (шестидесяти) велосипедов марки «Нок» и сообщить ориентировочный срок их поставки.
> 　　Вам будет приятно узнать, что мы очень довольны последней партией, которую вы направили нам.
> 　　С уважением

171

参考译文2.

Уважаемые господа!
   Мы заинтересованы в покупке 100 штук автомобилей марки «Чанфу».
   Не могли бы вы сообщить мне цену вашей фирмы на единицу указанного товара, а также скидку при покупке товара в большом объёме.
   Все цены должны быть указаны ФОБ порт Далянь, также должен быть обозначен срок действия цен.
   Искренне Ваш

参考译文3.

Уважаемый г-н Цэй!
   Просим Вас сообщить возможность изготовления 1000 экземпляров рекламных проспектов для нашей компании. Наши требования отправляем на Ваш электронный адрес. Подтвердите Ваше согласие и условия платежа по факсу 7(495)145-23-64.
   Мы заинтересованы в их получении до конца следующего месяца.
   С уважением

6. Составьте письма по следующим требованиям. （略）

第3单元　发盘函 (Письмо-предложение)

1. Прочитайте следующие фрагменты писем и отметьте точные ответы к ним.

   Фрагмент 1.　　　　Фрагмент 2.　　　　Фрагмент 3.
   1) Г.　2) Б.　　　　1) В.　2) Г.　　　　1) Б.　2) Г.

2. Переведите следующие предложения с русского языка на китайский.
参考译文
   1）现将电话机的报价发给贵方，作为对贵方询盘的回复。
   2）我们希望我们的报价能够让贵方感兴趣，贵方一定会视我们公司为贵方长期可靠的钢筋供应商。
   3）我们很高兴为贵方提供俄罗斯产的价廉物美的商品。
   4）所述商品均有现货，可以在接到订单后立即发货。
   5）如果贵方能够在7天之内订货，我们的报价方可有效。
   6）感谢贵方于9月18日发来的要求提供FT系列真空包装设备的询盘。
   7）我们已及时收到贵方的订货要求，我们会尽快向贵方提供报价。
   8）现确认收到贵方于1月12日要求我们提供生产餐巾纸机器报价的来函。

3. Переведите следующие предложения с китайского языка на русский.
参考译文
   1) Ежемесячно можем предложить вам такие машины в количестве пяти штук.
   2) ООО «VCT» имеет возможность заключения контракта на поставку в ваш адрес

этилена объёмом в 700 тонн.
3) По итогам нашей встречи с вами 09.11.2013 г. предлагаем вам приобрести гречиху на следующих условиях.
4) Имеем честь предложить вам товары, изготовляемые нашей фирмой.
5) Наше предложение будет действительно в течение 30 дней, начиная с даты получения данного письма.
6) С сожалением сообщаем, что наша фирма не может поставить вам электрический кабель в соответствии с вашими спецификациями.
7) Надеемся стать надёжным поставщиком фруктов вашей фирмы.
8) В ответ на ваш запрос сообщаем цены на пылесосы, содержащие и стоимость упаковки.

4. Переведите следующие фрагменты писем с русского языка на китайский.
参考译文1.

尊敬的先生们：
　　感谢贵方于2012年3月19日关于建筑用木材的询盘。
　　我们可以提供A级木材600立方米，单价为200美元/立方米，还可以提供B级木材1200立方米，单价为120美元/立方米，这两种价格均包括采用DAP条件将货物运至格罗捷阔沃的费用。自收到贵方订单之日起的3周内可以从哈巴罗夫斯克发货。支付条件为买方自签订合同之日起的5个银行工作日内支付50%货款，剩余50%货款在木材发运后的15日内支付。
　　本报价仅在收到贵方回复时商品没有售出的条件下有效。
　　　　此致
敬礼

参考译文2.

尊敬的先生们：
　　根据你们6月12日的询盘，我们高兴地确认，我们生产你们感兴趣的商品。我们的最新价格单将另行邮寄给你们。请你们注意，价格为FOB符拉迪沃斯托克港交货价格，供货期限为自收到订单之日起3个月内，支付条件将按照达成的协议执行。
　　我们希望，我们的报价能够让你们感兴趣并订货，请尽快给予回复。
　　　　此致
敬礼

参考译文3.

尊敬的女士们、先生们：
　　感谢贵方今年3月16日的询盘。贵方对我公司的产品感兴趣，对此我们感到十分高兴。现将贵方询求的3000双燕子牌女鞋的实盘报价发给贵方，该种女鞋有各种流行的花色。
　　按照贵方的意愿，我们可以采用空运方式试验性发一批贵方要求的女鞋。
　　鞋的价格为每双26欧元，该价格为绥芬河边境站车上交货价格，价格中包括出口包装的费用。

鞋的包装为盒，每个木箱内有100盒鞋。

我们将在收到订单的3个月内供货，凭发运单据采用不可撤销的保兑信用证支付货款。

本报价的有效期至今年3月31日。

希望贵方能接受我们的报价。

此致

敬礼

5. Переведите следующие фрагменты писем с китайского языка на русский.

参考译文1.

Уважаемые господа,

Мы готовы поставить метанол в запрашиваемом вами количестве по цене 58 долл США/т на условиях франко-перевозчик Щёкино, Московской ж/д.

В случае заинтересованности в данном предложении просим направить в наш адрес более подробную заявку.

С уважением

参考译文2.

Уважаемые господа!

Благодарим за запрос от 23 января 2014 г. и сообщаем, что можем предложить вам слиток из алюминия в количестве 2000 тна условиях поставки СИФ порт Далянь Китай.

Качество – с содержанием алюминия не ниже 99,5%.

Цена – 350 долл. США/т.

Срок поставки – май-июнь 2013 года

Условия оплаты – 100% предоплата.

Настоящее предложение действительно до 10 февраля 2014 г.

С уважением

参考译文3.

Уважаемые господа,

В ответ на ваш запрос от 10 июля 2014 года на станки модели MF можем предложить вам 20 станков по цене 2000 долл. США за станок, франко-вагон российско-китайская граница.

Станки будут поставлены в течение октября и ноября месяцев 2014 г.

Просим подтвердить настоящее предложение в течение пяти рабочих дней с даты получения нашего письма.

С уважением

6. Составьте письма по следующим требованиям. （略）

第4单元　回盘函 (Письмо-встречное предложение)

1. Прочитайте следующие фрагменты писем и отметьте точные ответы к ним.

　　Фрагмент 1.　　　　　Фрагмент 2.　　　　　Фрагмент 3.
　　1) Г.　2) А.　　　　1) Б.　2) Г.　　　　　Г.

2. Переведите следующие предложения с русского языка на китайский.
参考译文
　　1）设备的价格采用欧元表示，其中包括包装与唛头费用，交货条件为CIF大连港交货。
　　2）为了更细致开展工作，请告知贵方对上述产品的可以接受的价格。
　　3）由于我们已有的长期合作关系，现告知贵方，我们将降价5%为贵方供货。
　　4）请再次考虑能否以10.05美元/公斤的价格为我们提供27吨安乃近，交货条件为DAP满洲里。
　　5）如能在30天内立即付款，则可从上述金额中扣除2.5%。
　　6）我们希望，如果订货量大，贵方能予以特殊的降价。
　　7）我们的装配车间要进行维修改造，需停工三个月，故不能为贵方提供100套佳力多尼(Галидони)牌发动机组的报价。
　　8）我们认为，现在必须告知贵方，我们无法按期履行贵方订单。

3. Переведите следующие предложения с китайского языка на русский.
参考译文
　　1) Цена, которую вы установили, не вполне приемлема для нас.
　　2) Если вы можете назначить действительно конкурентоспособные цены, мы бы могли разместить заказ у вашей фирмы.
　　3) После повышения цены на виноград, значительно выросла цена на виноградный сок.
　　4) Если вы разместите заказ на 300 штук изделий или более, мы готовы дать дополнительные скидки за количество.
　　5) Мы готовы купить у вас 500 метров ткани при условии, что вы дадите 15% скидку.
　　6) Хотя цены на этот вид товара постоянно растут в течение последнего года, мы не будем повышать цены, пока имеющийся в наличии товар не будет распродан.
　　7) Наша цена понимается франко-аэропорт, включая стоимость экспортной упаковки.
　　8) Сообщаем, что можем предложить вам водонагреватель в количестве 500 штук.

4. Переведите следующие фрагменты писем с русского языка на китайский.
参考译文1.

尊敬各位先生：
　　感谢贵方2013年11月14日有关提供氯化苯的报价。但是十分遗憾，贵方提供的价格过低，按照这个价格我们将亏本。
　　我们建议DAP满洲里的价格是550美元/吨。
　　请将贵方的决定通知我们。
　　此致
敬礼

参考译文2.

尊敬的安先生：
　　我们对贵方提出的DAP满洲里1470美元/吨的柠檬酸价格不感兴趣。我们感兴趣的价格为货交彼尔姆1480美元/吨或货交满洲里1440美元/吨。
　　我们准备接受用集装箱运输货物。
　　供货数量：每月不超过500吨。
　　此致
敬礼

参考译文3.

尊敬的各位先生：
　　感谢贵方对鱼粉的报价。但是我们认为，贵方确定的价格我们无法接受。如果贵方能够修改价格，将其下调5%，我们将愿意订购500吨该种商品。
　　请通知我们是否同意我们的报价。
　　此致
敬礼

5. Переведите следующие фрагменты писем с китайского языка на русский.

参考译文1.

Уважаемые господа!
　　Благодарим за ваше предложение о дополнительных поставках трансформаторов.
　　Однако мы считаем предлагаемую вами цену слишком высокой. Кроме того, условия платежа для нас, к сожалению, не приемлемы.
　　Мы готовы вернуться к этому вопросу при внесении соответствующих изменений.
　　С уважением

参考译文2.

Уважаемый господин Чжан!
　　С благодарностью подтверждаем получение Вашего предложения на поставку запчастей к автомобилям.
　　Рассмотрев Ваше предложение, сообщаем, что названная Вами цена немного завышена. В связи с чем просим рассмотреть возможность снижения цены.
　　Если Вы согласитесь пересмотреть цену, мы готовы рассмотреть Ваше новое предложение.
　　Ожидаем Ваш ответ
　　 С уважением

参考译文3.

> Уважаемые господа!
>
> Благодарим вас за предложение о поставке строительных материалов от 19.09.2012 года.
>
> К сожалению, в настоящее время мы не можем воспользоваться вашим предложением.
>
> Мы обязательно свяжемся с вами, как только у нас появится необходимость сделать заказ строительных материалов в вашей компании.
>
> С уважением

6. Составьте письма по следующим требованиям. （略）

第5单元　确认订货函 (Письмо-подтверждение заказа)

1. Прочитайте следующие фрагменты писем и отметьте точные ответы к ним.

   Фрагмент 1.　　　　　　Фрагмент 2.　　　　　　Фрагмент 3.
   Б.　　　　　　　　　　В.　　　　　　　　　　1) Г.　2) Г.

2. Переведите следующие предложения с русского языка на китайский.

参考译文

1）我们确认收到贵方的发盘，我们对其中的所有条件感到满意，对此向贵方表示感谢。

2）感谢贵方2012年11月25日对煤苯的报价，我们很高兴接受该报价。

3）我们相信，试验性订货完全符合贵方的要求。

4）现确认收到贵方的订单，对此表示感谢，我们开始履行该订单。

5）在中断一段时间之后收到贵方如此有利的订单我们感到十分高兴，对于我们来说，这个中断时间过于漫长。

6）现很高兴地提出我们的正式订单，以此确认我们1月18日电话交谈的内容。

7）我们收到贵方2013年11月16日的附在信中的货物订单。

8）多维拉有限责任公司已经准备签订提供移动电话的合同。

3. Переведите следующие предложения с китайского языка на русский.

参考译文

1) Подтверждаем принятие ваших условий поставки товаров.

2) Просим рассматривать это письмо как наш официальный заказ.

3) Мы рады подтвердить, что готовы выполнить вышеупомянутый заказ.

4) Подтверждаем поставку рубашек по ценам, заявленным в вашем письме.

5) Мы надеемся, что этот заказ станет началом взаимовыгодного сотрудничества.

6) Спасибо за ваш заказ от 21 мая 2013 года на 100 внедорожных велосипедов.

7) В этом письме мы подтверждаем предложение, сделанное нами по телефону сегодня утром.

8) Подтверждаем наше согласие на заказ у вас строительных материалов на ранее достигнутых условиях.

4. Переведите следующие фрагменты писем с русского языка на китайский.

参考译文1.

尊敬的王越：
　　现确认2013年10月按照930美元/吨的价格提供牌号为10803-020的高压聚乙烯，供货条件为DAP后贝加尔斯克，支付条件为全额预付，供货数量为1000吨。
　　合同草案将另行转交。
　　希望不断接到贵方新的订单。
　　此致
敬礼

参考译文2.

尊敬的戴维斯先生：
　　非常高兴收到亲爱的老朋友的来函，我们非常珍惜我们之间多年的关系。感谢您的订货并请贵方放心，货物会照例于下周发出。
　　期待会有更多合作，我们将一如既往地努力维护与贵方的友好关系。
　　您真诚的朋友

参考译文3.

尊敬的先生们：
　　愉快地告知贵方，我们已经收到贵方的订单，对此我们感到十分高兴。这是双方首次业务联系，对此表示欢迎。我们坚信，我们的第一次业务往来会为长久成功的合作奠定基础。也请贵方相信，我们会尽全力满足贵方的需求。
　　感谢贵方的充分信任
　　此致
敬礼

5. Переведите следующие фрагменты писем с китайского языка на русский.

参考译文1.

Уважаемые господа!
　　Благодарим вас за ваше предложение и готовы разместить у вас заказ на 500 тонн яблок по цене 650 долл. США/т на условиях поставки ФОБ порт Далянь. Мы ждём поставку в следующем месяце.
　　Если поставка будет удовлетворительной, мы продолжим размещение заказов.
　　 С уважением

参考译文2.

> Уважаемые господа,
>
>   Благодарим вас за ваше письмо от 14 марта, в котором вы предлагаете нам портфели для документов по цене 10 долларов за штуку. Мы принимаем вашу цену и все остальные условия, указанные в вашем письме.
>
>   Наш контракт будет выслан вам завтра.
>
>   Искренне Ваши

参考译文3.

> Уважаемые господа!
>
>   Мы получили ваш заказ от 20.12.2012 и подтверждаем поставку запасных частей для оборудования на следующих условиях:
>
>   Количество - 300 комплектов;
>
>   Срок поставки - март 2013 г.
>
>   Условия оплаты - 100% предоплаты.
>
>   С уважением

6. Составьте письма по следующим требованиям. （略）

第6单元　样品与商品品质函 (Письмо об образце и качестве товара)

1. Прочитайте следующие фрагменты писем и отметьте точные ответы к ним.

   Фрагмент 1.　　　　Фрагмент 2.　　　　Фрагмент 3.
   1) В.　2) А.　　　　1) А.　2) Г.　　　　Г.

2. Переведите следующие предложения с русского языка на китайский.
   参考译文
   1）很高兴向贵方提供我们产品的样品，希望样品能够完全符合贵方的要求。
   2）我们在贸易展销会上看到了贵方的商品，请贵方将该商品的样品寄给我们。
   3）我们希望，贵方为我们提供像以前一样优质的货物。
   4）请尽快通过传真给我们发送药品安乃近和非那西丁的品质证书，在证书中要求说明生产日期和有效期。
   5）我们在研究贵方样品时发现，贵方的样品有很多优点。
   6）我们想补充说明一下，中国制造的耐火材料一直比欧洲国家产的耐火材料价格更低，而且具有品质高和耐用等优点。
   7）我们在标准的工作条件下试验了这些样品，对试验结果非常满意。
   8）在正常使用的条件下，我们公司对整个设备提供三年的保修期。

3. Переведите следующие предложения с китайского языка на русский.
   参考译文
   1) Мы хотели бы получить от вас образец гречихи в количестве четырёх килограмм.

2) При посылке образцов наша фирма учла ваши рекомендации.

3) Ждём ваших заказов после просмотра наших образцов.

4) Мы посылаем вам в отдельном пакете образцы наших различных моделей одежды вместе с экспортным прайс-листом.

5) Мы надеемся, что вы должным образом оцените качество наших товаров и тщательность исполнения условий поставок.

6) Мы уверены, что вы будете удовлетворены качеством наших товаров и услуг.

7) Наша фирма готова предоставить вам образцы товаров, которые вы получите вместе с прайс-листами.

8) Наша компания готова разместить значительный заказ, но мы хотели бы, чтобы вы прислали нам образцы и текущий каталог.

4. Переведите следующие фрагменты писем с русского языка на китайский.

参考译文1.

尊敬的各位先生：
　　根据贵方的要求，现将仪器样品发给贵方，以便贵方可在贵国医疗机构对样品的性能和使用条件进行详细的了解。
　　希望贵方能在最短的时间内对样品进行研究并将结果告知我们。
　　此致
敬礼

参考译文2.

尊敬的各位先生：
　　我们希望向你们订购10000米灰色、棕色和红色的窗帘布，你们根据随信所附的样品能够了解我们对布匹质量的要求。
　　如果你们给我们提供布匹的样品和10月初FOB大连港交货的最低价格，我们将不胜感激。
　　如果样品和价格合适，我们将立即订货。
　　此致
敬礼

参考译文3.

尊敬的各位先生：
　　现就贵方2月27日的来函答复如下：
　　最新的粉末涂料样品已发出，并应在7日之内到达。在发送样品时，我们考虑到了贵方的建议。
　　请贵方相信，我们制定了比较低的价格。
　　期待贵方在看过样品后向我们咨询订货。祝双方合作圆满成功！
　　此致
敬礼

5. Переведите следующие фрагменты писем с китайского языка на русский.
参考译文1.

> Уважаемые господа!
>
> Мы недавно выпустили стальной болт, который специально предназначен для российского рынка.
>
> Мы направляем образцы и подробные рекламные материалы для вашего ознакомления.
>
> С нетерпением ожидаем вашего пробного заказа.

参考译文2.

> Уважаемые господа!
>
> Мы являемся импортёрами высококачественных тканей, и нам требуется большое их количество для наших многочисленных магазинов во всех частях России.
>
> Мы видели в журнале «Современная одежда» вашу рекламу новых тканей, имеющихся у вас.
>
> Мы будем признательны, если вы пришлёте нам все образцы этих материалов вместе с прайс-листом.
>
> С уважением

参考译文3.

> Уважаемые господа!
>
> Рады получить ваше письмо от 19.03.2013 г., в котором вы сообщаете, что вы интересуетесь головными уборами, которые рекламировались в российском журнале «Индустрия моды».
>
> Согласно вашей просьбе, мы направляем наши образцы товаров и с нетерпением ожидаем вашего первого заказа.
>
> С уважением

6. Составьте письма по следующим требованиям. （略）

第7单元　发运货物函 (Письмо об отгрузке товара)

1. Прочитайте следующие фрагменты писем и отметьте точные ответы к ним.

Фрагмент 1.	Фрагмент 2.	Фрагмент 3.
1) Б.　2) Г.	В.	Б.

2. Переведите следующие предложения с русского языка на китайский.
参考译文

1）我们保证这个月底前提供剩余货物。

2）我们要求在收到订单后4周内发货。

3）我们请贵方尽快提供发电机备件。

4）卖方应该在2014年第四季度分两等批提供专用紧固件。

5）我们期待贵方通过传真确认已备妥货物并可向我们发运。

6）请尽快将车皮号为24514549和22560717的铁路运单正本（或其复印件）寄给我们。

7）我们已收到根据2011年5月10日签订的第2571号合同要求所发运的电器产品的发运单据，对此表示感谢。

8）如果贵方能将发货期限变更为9月底之前，我们将不胜感激。

3. Переведите следующие предложения с китайского языка на русский.

参考译文

1) Мы постараемся отправить груз до наступления праздничных дней (Рождество, Новый год).

2) Эти товары должны быть поставлены точно к концу мая на условиях ФОБ порт Далянь.

3) Наша фирма может гарантировать вам поставку товара при условии вашего подтверждения данного заказа в течение трёх дней.

4) Цена перевозки товара до Москвы включает стоимость погрузки и разгрузки.

5) С удовольствием сообщаем, что заказанное вами оборудование будет отгружено вам 12 текущего месяца судном «Пушкин».

6) Просим сообщить причину задержки и предполагаемую дату отгрузки товара.

7) Срок поставки товара по нашему контракту истекает 11 декабря.

8) В соответствии с заказом мы вчера из Москвы отправили в г. Далянь две штуки сельскохозяйственной машины.

4. Переведите следующие фрагменты писем с русского языка на китайский.

参考译文1.

尊敬的各位先生：

当贵方为我们发货时，请注意我们的下列要求：

1. 在每一件商品上用俄语和汉语刷写商品的系列号、生产厂、生产日期和有效期。

2. 在品质证书和原产地证书中也要有这些信息。

此致

敬礼

参考译文2.

尊敬的各位先生：

贵方订购轴承的第0612号订单已经收到，对此表示感谢，现正在履行该订单。

但需告知贵方，由于正值假期，我们不能按贵方要求的期限供货。供货期限大约推迟10天，对此我们表示遗憾，希望贵方理解我们的情况。

如贵方接受延期发货，我们将不胜感激。

此致

敬礼

参考译文3.

尊敬的各位先生：
　　现通知贵方，由于发生强风暴，纳霍德卡港临时关闭，所以我们将无法卸船。如果在得到我们解除不可抗力情况的通知之前，贵方能够延迟发运设备，我们将不胜感激。
　　希望这个短暂的延迟不会对供货进度产生负面的影响。
　　此致
敬礼

5. Переведите следующие фрагменты писем с китайского языка на русский.

参考译文1.

Уважаемые господа,
　　С удовольствием вам сообщаем, что заказанные машины готовы к отправке. Мы уделили вашему заказу особое внимание и тем самым смогли ускорить срок поставки.
　　Просим сообщить, есть ли у вас какие-либо особые указания.
　　С уважением

参考译文2.

Уважаемая г-жа Ван!
　　Спасибо за Ваш заказ № 35 на наши подносы для продуктов. К сожалению, отгрузка товара была задержана, так как его нет сейчас в наличии на нашем складе.
　　Мы надеемся отправить его Вам в течение следующих 15 дней. Приносим извинения за задержку и вызванные ей неудобства. Мы отгрузим Вам товар, как только он будет в наличии.
　　Если Вы хотите отменить Ваш заказ, дайте нам знать, и мы оформим, по Вашему желанию, возврат денег.
　　Ещё раз приносим свои извинения за задержку.
　　Искренне Ваш

参考译文3.

Уважаемые господа!
　　Сообщаем, что ваш заказ принят к исполнению 26.10.2012 и будет выполнен в трёхмесячный срок с отгрузкой контейнером равными партиями в ноябре, декабре 2012 г. и январе 2013 г. Точные даты отправки и номера партий будут сообщены дополнительно.
　　С уважением

6. Составьте письма по следующим требованиям.　　（略）

183

第8单元　支付函1. (Письмо о платеже 1.)

1. Прочитайте следующие фрагменты писем и отметьте точные ответы к ним.

   Фрагмент 1.　　　　　　Фрагмент 2.　　　　　　Фрагмент 3.
   1) В. 2) Б.　　　　　　Б.　　　　　　　　　　В.

2. Переведите следующие предложения с русского языка на китайский.
   参考译文

   1）凭提单、发票、保险单、明细单、货物原产地证书和品质证书进行结算。

   2）请在10个银行工作日内把指定数额的资金转入我们的结算账户之中。

   3）我们保证预付50%货款，剩余50%货款在货物到达圣彼得堡时立即支付。

   4）即将到来的节日（新年和圣诞节）可能成为延误支付货款的原因。

   5）由于贵方紧急订货，我们想建议贵方用银行汇付的方式付款。

   6）应该在收到发票、提单和装箱单等单据后的5日内结算。

   7）现通知贵方，支付采用托收方式，凭发运单据和品质证书进行。

   8）请告知我们，资金到贵方账上之后的多长时间内你们供货。

3. Переведите следующие предложения с китайского языка на русский.
   参考译文

   1) Сразу же после получения груза мы дадим указание банку оплатить вам стоимость товара.

   2) Наш обычный метод платежа - это банковский перевод в течение 30 дней после получения извещения об отгрузке груза.

   3) Согласно пункту 3.4 контракта № 022 расчёт за поставленные товары производится покупателем в течение пяти банковских дней с даты получения извещения об отгрузке товаров.

   4) Отгрузочные документы будут вам переданы после оплаты суммы, указанной в счёте-фактуре.

   5) Мы частично оплачиваем ваш счёт потому, что дополнительные издержки по хранению на складе не входили в условия нашего контракта.

   6) Мы уверены, что вы примете все необходимые меры для осуществления платежа в установленные сроки.

   7) Прошу вас перевести сумму в размере 30 тысяч американских долларов на наш счёт № 56214.

   8) Если сумма по счёту не будет получена нами к указанной дате, мы прекратим дальнейшие поставки товара.

4. Переведите следующие фрагменты писем с русского языка на китайский.
   参考译文1.

   尊敬的各位先生：
   　　贵方有关提供稳压器的第101号订单函已经收到。如果贵方在2014年8月1日之前支付第一批货款，我们可以同意延期最终结算。
   　　此外，如果贵方追加订购50个以上的稳压器，我们可以专门给予贵方2%的降价。

请速将贵方的决定告知我们。
此致
敬礼

参考译文2.

尊敬的马列耶夫先生：
今天我们已经向银行发出指令，要求其对贵方所发货物的第396号发票的款额进行支付。最近12个月以来，贵方一直向我们提供优质的商品，在即将到来的一年，我们期待双方的贸易额进一步扩大，我们也期待更加频繁地向贵方订货。
正是在这种情况下，如果贵方同意按季度支付货款，我们将不胜感激。
此致
敬礼

参考译文3.

尊敬的胡先生：
感谢贵方2012年2月5日的订单。今天我们就将价值5000美元的20卷彩虹牌布匹发给贵方。
请贵方自今日起的15日之内付款。
借此机会，祝贵方在新的业务中取得新的成绩。
您真诚的朋友

5. Переведите следующие фрагменты писем с китайского языка на русский.
参考译文1.

Уважаемые дамы и господа!
Направляем вам один экземпляр коносамента и нашу счёт-фактуру на 316400 евро. Этой партией все ваши заказы выполнены. Будем рады дальнейшему сотрудничеству.
С уважением

参考译文2.

Уважаемые господа!
Мы ещё раз внимательно изучили наши возможности и пришли к выводу, что в настоящее время предложенные вами условия оплаты для нас неприемлемы, поэтому, к сожалению, мы пока не можем принять ваши предложения.
В случае изменения обстоятельств надеемся вернуться к этому вопросу.
С уважением

185

参考译文3.

> Уважаемый господин Сунь!
>
> Мы рады, что Вы согласились с условием 15 % предоплаты.
>
> 10 марта 2014 года было переведено в Ваш адрес 150 тысяч долларов США. В соответствии с нашей договорённостью оплата товаров в полном объёме будет производиться после выставления Вашей стороной отгрузочных документов в течение трёх дней с даты отгрузки товара.
>
> С уважением

6. Составьте письма по следующим требованиям. （略）

第9单元　支付函2. (Письмо о платеже 2.)

1. Прочитайте следующие фрагменты писем и отметьте точные ответы к ним.

　　Фрагмент 1.　　　　　　Фрагмент 2.　　　　　　Фрагмент 3.
　　1）Г.　2）А.　　　　　1）В.　2）Б.　　　　　　А.

2. Переведите следующие предложения с русского языка на китайский.
参考译文

1）我们正在仔细研究关于开立下一批货物的信用证问题。

2）应该在信用证有效期内向银行提供3份发运单据。

3）我们既可以采用预付方式，又可采用信用证方式与贵方合作。

4）我公司在收到已备货通知后应在一家中国银行开立货物总值的信用证。

5）我们同意了采用信用证凭发运单据进行结算。

6）所有关于信用证的修改内容都应立即做出。

7）如果贵方开立以我们为受益人的不可撤销信用证，我们将很高兴。

8）请检查信用证的条件与合同条件是否相符，必要时可以通过买方要求修改信用证的条件。

3. Переведите следующие предложения с китайского языка на русский.
参考译文

1) Мы просим вас высылать по факсу документы, необходимые для открытия аккредитива.

2) Фирма «Алка» планирует открыть аккредитив на сумму 4 млн долл. в банке «Внешторг».

3) Нам хотелось бы уточнить, в течение какого срока банк сможет выставить аккредитив.

4) Срок действия и порядок расчётов по аккредитиву были установлены в контракте между покупателем и продавцом.

5) Сегодня мы прорабатывали вопрос об открытии аккредитива через Банк Китая.

6) Мы дали указания банку провести в аккредитиве изменения, которые вы просите.

7) Покупатель производит платёж посредством безотзывного и подтверждённого аккредитива против счёт-фактуры и транспортных документов.

8) Мы с сожалением сообщаем, что ваши условия платежа не соответствуют нашей обычной практике.

4. Переведите следующие фрагменты писем с русского языка на китайский.
参考译文1.

> 尊敬的各位先生：
>   我们建议通过信用证进行支付，买方应该自收到已备货通知的10日之内在建设银行开立以卖方为受益人的信用证。卖方凭以下单据进行结算：
>   A. 发票3份
>   B. 提单正本1份
>   C. 保险单3份
>   此致
> 敬礼

参考译文2.

> 尊敬的各位先生：
>   现告知贵方，我们已经收到贵方的合同草案并对其进行了仔细的研究。除了支付条件以外，其他的合同条件我们均可接受。
>   我们不同意25%的预付，我们要求15%的预付。我们也不同意对剩余的款额开立信用证，我们要求在提供发运单据的10天之内将剩余的85%款额汇入贵方的账号之中。
>   希望贵方接受我们提出的修改内容。
>   此致
> 敬礼

参考译文3.

> 尊敬的各位先生：
>   感谢贵方2010年10月29日的传真。
>   现将开立第2号信用证的申请书发给贵方，以便双方对有关问题进行协商。在收到贵方的答复之后，我们准备向银行发出指令，要求他们开立以贵方为受益人的信用证。
>   此致
> 敬礼

5. Переведите следующие фрагменты писем с китайского языка на русский.
参考译文1.

> Уважаемые господа!
>   Настоящим сообщаем, что остаток товара по контракту № 201 подготовлен к отгрузке. Согласно договорённости с представителем вашей фирмы просим открыть аккредитив на вторую партию товара до конца месяца марта 2014 года.
>   О результатах просим информировать.
>   С уважением

187

参考译文2.

> Уважаемый Петров!
>
> Сообщаем, что документальный аккредитив на сумму 45000 долл. США был открыт в Вашу пользу нашей компанией. Аккредитив действителен до 15 августа, все банковские расходы оплачены.
>
> С уважением

参考译文3.

> Уважаемая Татьяна Алексеева!
>
> Благодарим Вас за оперативный ответ на наш факс. Сегодня мы планируем отправить в банк заявление на открытие аккредитива. Мы надеемся, что в случае нашего быстрого открытия аккредитива Вы нам постараетесь быстро отгрузить товар.
>
> С уважением

6. Составьте письма по следующим требованиям. （略）

第10单元　商务附函(Сопроводительное письмо к документам)

1. Прочитайте следующие фрагменты писем и отметьте точные ответы к ним.

Фрагмент 1.	Фрагмент 2.	Фрагмент 3.
1) Г.　2) Б.	А.	А.

2. Переведите следующие предложения с русского языка на китайский.

参考译文

1）现将合同草案发给贵方以便贵方进行修改。

2）现将2013年10月16日签订的提供工装的第0913号合同草案及附件发送贵方。

3）现将贵方所寻求的有关农业机械和设备的补充技术资料寄给贵方。

4）为了确认我们在2014年3月12日电话交谈的内容，现将空调的详细说明寄给贵方。

5）为了确认我们达成的协议，现将我们已经签字并盖章的2013年2月27日签订的第403号合同的补充内容寄给贵方。

6）现随信把给贵方发运的设备的提单正本、品质证书、保险单和明细单同时转交给贵方。

7）根据我们达成的协议，现将我们可以在2015年上半年提供的木材品种发送给贵方。

8）在价格单中我们规定了可以从仓库供货的商品的价格。

3. Переведите следующие предложения с китайского языка на русский.

参考译文

1) Просим подписать указанные документы, заверить печатью и один экземпляр выслать в наш адрес.

2) К письму прилагаем два оригинала контракта от 12.05.2013 № 235 на закупку сельскохозяйственных химических удобрений.

3) В соответствии с протоколом намерения направляем вам прайс-лист на наш медицинские приборы.

4) Направляем вам подписанное с нашей стороны соглашение о взаимном сотрудничестве.

5) Направляем вам два экземпляра проекта договора на поставку стройматериалов от 21 октября 2014 года.

6) В ответ на ваше письмо от 22 августа направляем вам наш последний каталог и прейскурант.

7) Настоящим письмом высылаем вам счёт-фактуру, упаковочный лист и сертификат качества, выданный заводом-изготовителем.

8) В соответствии с предварительной договорённостью высылаем вам сертификат происхождения на отправленный товар для таможенного оформления.

4. Переведите следующие фрагменты писем с русского языка на китайский.

参考译文1.

尊敬的拉林先生：
    现将已经签字的2012年度的合同的第1号补充协议转给贵方。我们同时确认，我们将该协议视为上面所提及的合同不可分割的一部分。
    附：2012年度合同的第1号补充协议共2页。
    此致
敬礼

参考译文2.

尊敬的罗曼·亚历山德罗维奇：
    按照2013年5月10日签订的第398/05号承包合同要求，现将王冠股份公司已签字的竣工证书寄给你们。贵方给竣工证书签字以后请将其中的一份证书寄给我们。
    附：竣工证书2份共2页。
    此致
敬礼

参考译文3.

尊敬的朱先生：
    现将2013年7月8日签订的第2号补充内容通过传真发给贵方，该内容是对2013年5月5日签订的第37/09号合同的补充内容（增加提供乙酰水杨酸的有关内容）。请贵方在收到本传真内容后复制2份，签字盖章以后，尽快通过邮寄的方式将其转给我们，我们在收到这些文件并签字盖章后，会将其中一份寄还贵方。
    附：第37/09号合同的第2号补充内容2份共2页。

5. Переведите следующие фрагменты писем с китайского языка на русский.

参考译文1.

> Уважаемый господин Иванов!
>
> Высылаем в Ваш адрес подписанный и скреплённый печатью договор. Просим подписать, скрепить печатью и вернуть его в наш адрес в течение семи дней.
>
> Приложения: Договор № 305 на 12 л. в 2 экз.
>
> С уважением

参考译文2.

> Уважаемый господин Смирнов!
>
> Направляю Вам два экземпляра договора на поставку пиломатериалов от 20 сентября 2014 г.
>
> Прошу Вас подписать договор, скрепить печатью и в течение 10 дней один экземпляр договора возвратить в наш адрес.
>
> Приложения: Договора на 20 листах в 2 экз.
>
> С уважением

参考译文3.

> Уважаемый Анатолий Михайлович!
>
> В ответ на Ваш запрос от 03.11.2013 года мы с удовольствием прилагаем к этому письму нашу оферту, а также последний каталог запасных частей.
>
> Цены, которые мы указываем в оферте, действительны, но мы просим Вас прислать нам Ваш заказ как можно скорее.
>
> Образцы изделий мы вышлем Вам отдельной почтой.
>
> Надеемся на дальнейшее продолжение нашего сотрудничества.
>
> Приложение: 1. Оферта в 1 экз.
>   2. Каталог в 1 экз.
>
> С уважением

6. Составьте письма по следующим требованиям.　（略）

第11单元　提示函 (Письмо-напоминание)

1. Прочитайте следующие фрагменты писем и отметьте точные ответы к ним.

  Фрагмент 1.   Фрагмент 2.   Фрагмент 3.
  А.   Г.   В.

2. Переведите следующие предложения с русского языка на китайский.

参考译文

 1）如果没有履行自己承担的义务，贵方将受到罚款。

2）被迫再次提示贵方,我们至今仍未收到贵方的已备货通知,对此表示遗憾。

3）现提示贵方，根据第2654号合同的规定，贵企业应在2013年5月10日前完成供电工程。

4）现提示贵方，根据2011年12月3日的第023号合同的要求，供货的截止日期为2011年12月31日。

5）请贵方特别注意，贵方现在欠款95000美元。

6）我们认为必须提示贵方，根据合同的要求，本月底之前应该付清代理费。

7）我们认为，贵方只是由于疏忽而未进行资金支付，希望贵方在一周内付清欠款。

8）提示贵方注意我们瓷砖生产设备的报价，请10日内确认是否购买该设备。

3. Переведите следующие предложения с китайского языка на русский.

参考译文

1) Мы вынуждены ещё раз напомнить вам об условиях нашего договора.

2) С сожалением напоминаем вам, что до сих пор не получили вашего ответа на наш запрос.

3) Просим вас письменно подтвердить получение настоящего напоминания в самое ближайшее время.

4) Учитывая ситуацию, сложившуюся на данный момент, вынуждены сообщить о своём намерении расторгнуть с вами контракт.

5) Напоминаем вам, что срок подтверждения цены на эту партию металлорежущих инструментов составляет пять рабочих дней.

6) Напоминаем вам, что в соответствии с договором No.24/15 от 12.03.2012 вы должны завершить разработку проекта до 01.12.2012.

7) В противном случае мы не несём ответственности за прямые и косвенные убытки.

8) Разрешите напомнить вам, что расходы на страхование грузов составляют 23 тысячи евро и идут за счёт покупателя.

4. Переведите следующие фрагменты писем с русского языка на китайский.

参考译文1.

> 尊敬的各位先生：
> 　　我们被迫再次提示贵方，贵方拖欠我们公司的款额很大，并且欠款数额仍在继续增长。我们曾经一直试图理解贵方的财务困难问题，但此次欠款数额空前巨大，且早已超过付款期限。
> 　　我们希望贵方明白，我们不会再忽视本公司利益，因此我们必须向法院提起诉讼。
> 　　我们的合作没有成功，我们对此表示遗憾。
> 　　此致
> 敬礼

参考译文2.

> 尊敬的德米特里·维克托罗维奇：
> 　　根据2012年5月1日的第5/12号供货合同的规定，自2012年5月1日起，贵企业应该在一年内按月向我们提供各类旅游装备。但是，我们至今未收到今年11月份提供的一批装备的发运单据。
> 　　此致
> 敬礼

参考译文3.

尊敬的张先生：

　　按照第2-01号合同的规定，剩余的3万5千美元应在10月11之前支付，现以逾期5周，我们合同要求在30日内支付全款。

　　这是对贵方的第二次提示，也许贵方只是没有看到我们的发票。如果收到了发票，请尽快付款。

　　此致

敬礼

5. Переведите следующие фрагменты писем с китайского языка на русский.

参考译文1.

Уважаемый господин Сунь!

　　Позвольте сообщить Вам, что наша компания не получила оплату по счёту № 454 от 30.06.2004.

　　Мы неоднократно обращались по телефону, факсу, электронной почте. К сожалению, уведомление об оплате до сих пор не получено.

　　С уважением

参考译文2.

Уважаемые господа!

　　Напоминаем вам, что конечной датой отгрузки изделий является 30.11.2012.

　　Убедительно просим вас срочно обеспечить отгрузку снаряжения, в противном случае мы будем вынуждены в соответствии с п. 3.6 договора предъявить штрафные санкции в размере 0,02% от общей стоимости договора за каждый день задержки.

　　С уважением

参考译文3.

Уважаемые господа!

　　Напоминаем, что согласно договору № 1309 от 12.01.2013 г. ваше предприятие должно было закончить монтаж оборудования к 01.12.2013 г. В противном случае будем вынуждены применить санкции за нарушение условий договора.

　　С уважением

6. Составьте письма по следующим требованиям.　　（略）

参考答案

第12单元　索赔与理赔函 (Письмо-рекламация и ответ на него)

1. Прочитайте следующие фрагменты писем и отметьте точные ответы к ним.

Фрагмент 1.　　　　Фрагмент 2.　　　　Фрагмент 3.
Г.　　　　　　　　 Г.　　　　　　　　 1) Б.　2) Г.

2. Переведите следующие предложения с русского языка на китайский.
参考译文
1) 在这种条件下我们认为，您会同意免费更换有故障仪器的要求。
2) 我们打算做出合理的让步并更换每个价值25美元的受损零件。
3) 我们希望你们将此视为是可接受的解决问题的方案。
4) 遗憾地通知贵方，查验商品的结果显示，该商品与所提供的样品不一致。
5) 我们请您了解清楚这件事情并通过快递方式将缺少的2个仪器寄给我们。
6) 我们得知在箱子中只有10套零件，而我们订购了12套零件，我们感到失望。
7) 从贵方2014年1月23日的来信中得知，货物抵达时有1箱货物严重受损，对此我们表示遗憾。
8) 我们希望，这个令人遗憾的误解丝毫不会影响我们长期以来建立的良好关系。

3. Переведите следующие предложения с китайского языка на русский.
参考译文
1) Мы заявляем вам претензию по поводу недостачи поставленного товара.
2) Мы готовы предоставить вам скидку в размере 9% от общей суммы нашего счёта-фактуры для возмещения возникшего у вас убытка.
3) Мы сохраняем за собой право потребовать замену повреждённого товара.
4) В случае неуплаты этой суммы в назначенный срок мы будем вынуждены обратиться в арбитраж.
5) Наша фирма постарается исправить все указанные недостатки.
6) Мы настаиваем на безвозмездном обмене повреждённых товаров.
7) Очень сожалеем, что наша последняя партия женских сапог послужила поводом для рекламации.
8) После проверки приведённых вами доводов мы убедились в том, что ваша рекламация совершенно обоснована.

4. Переведите следующие фрагменты писем с русского языка на китайский.
参考译文1.

尊敬的塔拉索娃女士：
　　您于2012年5月6日的来信我已经收到，我正在认真研究您在信中谈到的所提供的货物品质不合格的问题。我希望这个问题能够很快得到解决。在研究这个问题以后，我会给您书面答复或给您打电话。
　　请您相信，我们极其严肃地对待您提出的索赔要求。您是我们重要的合作伙伴，您的意见说明我们必须提高我们的工作水平。
　　如果在解决问题的过程中我需要您提供更多的信息，我一定会与您联系。
　　谢谢您对于我们工作问题表现出的耐心。
　　您忠实的朋友

参考译文2.

尊敬的张军：

现告知贵方，我们已经按第509号合同规定期限收到了该合同项下的第40号机床。但是，我们必须通知贵方，在组装和调试机床的时候，我们发现机床存在许多小毛病，机床启动很困难，对此我们表示遗憾。

请你们按照合同技术条件的要求更换这台机床。如果贵方同意折价20%，我们也可以留下这台机床。

您真诚的朋友

参考译文3.

尊敬的各位先生：

我们必须通知贵方，最后一批女靴比合同规定的期限晚了15天到货，我们对此表示遗憾。由于这个原因，我们已经无法在圣诞节和新年之前销售这批货物。因此，延迟供货给我们带来了极大的经济损失。我们被迫向你们提出索赔，要求你们因延期供货将货物的价格降低9%。

请你们研究我们的索赔要求，并将上述款额尽快汇到我们的账上。

此致

敬礼

5. Переведите следующие фрагменты писем с китайского языка на русский.

参考译文1.

Уважаемый господин Мымрик!

Сожалеем, что не смогли отгрузить товар своевременно. Мы просим Вас принять наши извинения за задержку отгрузки товара. Безусловно, мы берём ответственность на себя и, согласно нашему контракту № 486 мы выплатим требуемую неустойку.

Мы сможем отгрузить товар к концу этого месяца.

С уважением

参考译文2.

Уважаемые господа!

Мы получили товар сегодня, но с сожалением сообщаем, что один из ящика прибыл в очень повреждённом состоянии. Наши эксперты пришли к выводу, что аппарат из этого ящика неисправен.

Прилагаем акт о повреждении товара. Мы полагаем, что вы сами займётесь этим вопросом, так как страховка производилась вами.

С уважением

参考译文3.

> Уважаемые господа!
>
> Мы признательны вам за своевременное выполнение нашего контракта. Однако мы вынуждены сообщить вам, что при вскрытии ящика № 5 мы обнаружили, что он содержит изделия, не соответствующие условия нашего контракта.
>
> Просим вас незамедлительно организовать отгрузку необходимых нам изделий.
>
> К письму прилагаем перечень изделий, содержащихся в ящике № 5.
>
> С уважением

6. Составьте письма по следующим требованиям. （略）

第13单元　代理业务函 (Письмо об агентских услугах)

1. Прочитайте следующие фрагменты писем и отметьте точные ответы к ним.

Фрагмент 1.	Фрагмент 2.	Фрагмент 3.
1) В.　2) Б.	1) Г.　2) А.	Г.

2. Переведите следующие предложения с русского языка на китайский.

参考译文

1）我们有意刺激我们的商品在贵国的需求，所以我们准备以寄售方式销售商品。

2）贵方的产品在我国知名度不高，因此我们更希望以寄售方式接受一批商品，寄售期限为六个月。

3）寄售到期仍未售出的任何货物，卖方应自行承担退货费用。

4）很高兴通知贵方，北京的洪元公司现在是我们在中国的代理公司。

5）我公司是俄罗斯和外国300多家生产商的正式经销商。

6）代理人有义务对收到的所有订单进行认真统计，并每三个月一次向委托方提供订单复印件。

7）委托方不同意代理公司关于改变产品包装的提议。

8）根据第7条的规定，代理佣金额不得高于商品总价值的5%。

3. Переведите следующие предложения с китайского языка на русский.

参考译文

1) Принципал предоставляет агенту право продажи оборудования, производимого принципалом.

2) Принципал имеет право прямой продажи оборудования.

3) Мы хотели бы, чтобы вы назначили нас своим агентом по продаже вашей продукции в России.

4) Положения данного агентского соглашения подлежат толкованию в соответствии с законодательством КНР.

5) Они отказались от нашего намерения заключить монопольное агентское соглашение.

6) Нас интересует работа на дилерской основе.

7) Мы хотим найти за рубежом партнёра, выполняющего функции нашего коммерческого агента.

8) Все расходы по складированию товара будут отнесены на счёт агентов.

4. Переведите следующие фрагменты писем с русского языка на китайский.

参考译文1.

尊敬的各位先生：
　　RTM公司有意与贵方在互利的基础上开展合作。现诚邀贵方作为我们在俄罗斯长期的装饰材料经销商，负责销售独特的意大利瓷砖。
　　作为我公司在俄罗斯的正式贸易代表机构，我们保证向贵方提供我们独特的产品，以此满足设计人员及建筑单位的专门需求。我们的产品具有价格竞争力强、质量上乘和特性明显的优势，这些优势将为产品开拓广阔的销售前景。
　　此致
敬礼

参考译文2.

尊敬的马力：
　　贵方1月16日的来信已收到，对此表示感谢。近年来，我们在中国的贸易额不断扩大，这在很大程度上得益于贵方的努力，所以我们完全赞同贵方的观点，我们也对与贵公司的合作所取得的成果感到十分满意。
　　正是基于这种情况，我认真研究了贵方的要求，同时征求了董事会成员的意见。但是，我们给其他大量订货的中国客商也提供同样的折扣。如果仅贵方享有更多的折扣，则对其他客商很不公平，而从经济的角度来看，对所有的客商扩大折扣也不现实，希望贵方能够理解我们的情况。
　　因此，目前我们不能满足贵方的要求，对此我们表示十分遗憾。但是，如果贵方能够进一步扩大贸易额，我们准备重新考虑该问题。贵方今年的贸易额若能达到50万美元，我们将很高兴地满足贵方提出的折扣要求。
　　您真诚的朋友

参考译文3.

尊敬的各位先生：
　　我们已收到贵方于9月19日的回函。如果我们能够就有关条件问题达成一致，我们将很高兴授权贵方作为我们为期两年的独家代理商，两年之后每年协商延续代理协议的有关事宜。
　　贵方的佣金为商品销售总额的4%，贵方其他正常的销售费用由我们支付。
　　随函附上出口商品目录册，其中有价格表以及订单表。我们愿意为贵方提供价值在3万美元以内的寄售商品，期待贵方的首次订货。
　　此致
敬礼

5. Переведите следующие фрагменты писем с китайского языка на русский.
参考译文1.

Уважаемый г-н Волков!
　　Мы получили Ваше письмо от 15 октября, в котором Вы предлагаете быть нашим агентом в

России.

В настоящий момент мы имеем представительство в Вашей стране и не нуждаемся в дополнительных агентских услугах. Если в дальнейшем положение дел изменится, мы с удовольствием обратимся к Вам.

С уважением

参考译文2.

Уважаемые господа!

Благодарим вас за ваше письмо от 6 августа 2014 г., в котором вы предлагаете представлять нашу фирму в России.

Нас заинтересовало ваше предложение, и мы бы хотели обсудить его более подробно.

Наш начальник отдела сбыта Пань Сяндун отвечает в нашей фирме за страны СНГ, мы попросили его вылететь к вам на следующей неделе или через неделю. Просим сообщить нам об удобном для вас времени, когда он мог бы проинспектировать вашу организацию с целью назначить вас нашим агентом.

Находясь у вас, Пань Сяндун составит соглашение, которое он имеет право подписать от имени нашей фирмы.

С уважением

参考译文3.

Уважаемые господа!

В течение ряда лет мы представляли широко известную английскую фирму «Смит», которая сейчас открыла в Краснодаре свой собственный филиал. У нас большой опыт по продаже машин различных типов, и мы уверены, что ежегодно можем продавать большое число ваших машин.

Если вы назначите нас вашим агентом, то мы хотели бы получать комиссионные в размере 5% за полную сумму счётов на все товары, проданные через нас.

С уважением

6. Составьте письма по следующим требованиям. （略）

第14单元　工程技术服务函 (Письмо по инженерно-техническим услугам)

1. Прочитайте следующие фрагменты писем и отметьте точные ответы к ним.

　　Фрагмент 1.　　　　　Фрагмент 2.　　　　　Фрагмент 3.
　　1) В.　2) Г.　　　　　Б.　　　　　　　　　Г.

2. Переведите следующие предложения с русского языка на китайский.

参考译文

　　1）我们还想从贵方处了解完成类似工程的预计时间。

2）关于施工设备零件和建设输水管道开支的信息请见包括我们的供货和支付条件在内的一览表。

3）我们有义务对贵方的投标报价中的信息进行保密。

4）请贵方将从鲟鱼中提取鱼子的技术诀窍的补充信息寄给我们。

5）在生产和出口产品目录中包括飞行器、飞行器有关材料以及其他工业生产使用的产品。

6）发包方建议，住宅建设工作应该按照在施工中采用的单位造价支付费用。

7）我们在收到贵方发来的补充信息后，会尽快讨论和协商贵方的车间改造方案。

8）现在我们正在研究一个全新的防止人体的辐射的综合方案，若贵公司能够加入该项工作，我们将感到十分高兴。

3. Переведите следующие предложения с китайского языка на русский.

参考译文

1) Просим вас сообщить нам об условиях направления трёх специалистов вашего предприятия в Россию сроком работы на два месяца.

2) Подрядчик обязуется в соответствии с условиями настоящего договора выполнить строительные работы.

3) Просим вас в трёхдневный срок принять выполненные работы.

4) Нам также хотелось бы привлечь к опытной эксплуатации оборудования специалистов вашего предприятия.

5) Я весьма рада возобновлению нашего научно-технического сотрудничества с вами.

6) Мы до сих пор не получили от вас инструкции по эксплуатации и уходу за аппаратурой.

7) В случае вашего согласия на участие в тендере просим вас направить предложения.

8) Просим вас предоставить информацию для участия в тендере в срок до 30 июня 2013 года.

4. Переведите следующие фрагменты писем с русского языка на китайский.

参考译文1.

尊敬的各位先生：

我们已收到贵方2013年3月2日要求供应罐头车间设备的来函。

我们研究了贵方的要求，现告知贵方，我们可以就这一问题同贵方进行洽谈。同时告知贵方，我们企业在提供成套设备时，还同时销售转让技术诀窍的许可证。

正如贵方所知，全世界广泛采用这种合作形式。在技术诀窍转让协议中我们会保证购买许可证方进一步获得利润，还保证生产出符合技术要求的高品质产品。

如贵方对我们提议感兴趣，我们将根据贵方专利部门的要求，准备好设备专利申请的材料（产品说明书、图纸）。

你们真诚的朋友

参考译文2.

尊敬的各位先生：

我们确认已经收到贵方2013年2月15日来函，同时通知贵方，现已宣布对工程设计、提供设备和变电站建设进行国家招标。我们认为，贵方将会希望参与招标活动。

请贵方仔细研究随函所附的招标文件，在代理协议中双方已商定，购买标书费用由贵方支付。

需要提示贵方注意，提交报价的截止日期为今年5月21日，我们须在截止日期前的10天内收到贵方最终报价，这样我们可以办理当地的有关手续以及将贵方报价交至招标委员会。

我们希望贵方会对这个方面的合作感兴趣。

此致

敬礼

参考译文3.

尊敬的各位先生：

感谢贵方对建设汽车装配车间的合同草案所提出的意见和建议。

我们想强调一下，按照我们的汽车装配车间"交钥匙"施工合同条件的要求，承包方对所有工程施工的组织工作承担全部责任。

工程施工将由俄罗斯专业人员和当地公司共同进行，采用分包方式雇佣当地公司。俄罗斯权威的专业人员监督这些当地公司的工程施工，费用包含在合同价格之中。我们已经了解了这些公司并认为他们具有丰富的经验和卓越的技能，具备完成我们将委托给他们的工作的条件。

根据上述情况，请贵方仔细研究我们这封信的内容并告知我们是否准备签订合同。

此致

敬礼

5. Переведите следующие фрагменты писем с китайского языка на русский.

参考译文1.

Уважаемые господа!

Хотим обратить ваше внимание, что по условиям контракта подрядчик будет нести полную ответственность за выполнение строительных работ. Строительные работы будут выполняться специалистами, а также местными фирмами, которые будут наняты на условиях субподряда.

В связи с вышеуказанным просим вас рассмотреть настоящее письмо и в случае согласия с ним сообщить нам о вашей готовности подписать контракт.

С уважением

参考译文2.

Уважаемые господа!

Мне сообщили 10 дней назад, что ваш заказ хорошо продвигается.

Дело в том, что вашим специалистам не нужно приезжать до тех пор, пока мы не будем готовы к проведению испытаний.

Кроме того, мы очень рекомендуем вашим специалистам посетить соответствующие

199

фабрики, для того чтобы иметь полную информацию о различных видах оборудования.

Отвечая на это письмо, сообщите фамилии ваших специалистов, которые приедут в Москву, для того чтобы помочь в получении визы.

Я предлагаю встретить их в аэропорту и проводить их в Санкт-Петербург.

С уважением

参考译文3.

> Уважаемый Ли Линь!
>
> Настоящим сообщаем, что работы по контракту выполнены 30.04.2014 г. В соответствии с условиями контракта Заказчик обязан оплатить выполненные работы в течение 30 дней после их принятия.
>
> 10.05.2014 г. Ваша сторона приняли работы, но в течение последующих 30 дней оплату не произвела. Повторно сообщаем о необходимости оплатить выполненные работы.
>
> С уважением

6. Составьте письма по следующим требованиям. （略）

第15单元　商务广告函 (Рекламное письмо)

1. Прочитайте следующие фрагменты писем и отметьте точные ответы к ним.

Фрагмент 1.	Фрагмент 2.	Фрагмент 3.
1) А.　2) Б.	Г.	В.

2. Переведите следующие предложения с русского языка на китайский.

参考译文

1）我们希望经常与贵方开展商务活动。

2）我们企业的产品在国内外市场有稳定的需求。

3）由于产品质量高，我们公司的产品多次获得俄罗斯工商会颁发的证书。

4）许多大型中国公司提出在能源、工业和住宅建设领域的合作建议。

5）企业生产的漂白纸浆近90%出口到欧洲和亚洲国家。

6）你们可以从我们的网站上了解我们产品的详细信息及其技术性能。

7）在激烈的竞争中，只有产品价格低，产品的品质优，履行合同及时，才能赢得客户的信赖。

8）由于推广现代工艺以及更新主要生产设备，人造纤维厂不断向国际市场提供高质量产品。

3. Переведите следующие предложения с китайского языка на русский.

参考译文

1) Сегодня компания предлагает покупателям более 50 наименований продукции собственного производства.

2) Для подробного знакомства с нашей продукцией просим посетить наш сайт.

3) Качество нашей продукции подтверждено сертификатом международного стандарта ИСО 9001 – 2001.

4) Наше предприятие имеет обширные деловые и торговые связи в СНГ и других странах.

5) География экспорта нашей продукции охватывает более 30 стран в разных частях света.

6) Вы можете быть уверены, что ваши запасы этих тканей не залежатся долго на полках.

7) Наши цены являются вполне конкурентными, вследствие широких масштабов производства и жёсткой экономии ресурсов.

8) Особое внимание уделяется развитию высоких технологий в производстве и менеджменте нашей компании.

4. Переведите следующие фрагменты писем с русского языка на китайский.

参考译文1.

尊敬的各位先生：

我们公司是信誉良好、深受好评的钻床出口商，拥有丰富的钻床生产和出口经验。

由于生产规模大和生产成本低，我们公司机床价格十分具有竞争力。另外，公司的产品质量十分可靠，因此我们的经营活动十分成功。

我们公司希望与你们建立稳定的业务联系。我们的地址：莫斯科奥列霍夫花园22A房间，电话：007 (495) 9889930，电子信箱：stanok@mail.ru。

期待与你们的合作。

此致

敬礼

参考译文2.

尊敬的各位先生：

我们公司多年来一直专门向建筑工程单位和工业企业提供成套电工设备及电缆导线。

长期以来，我们公司已经成为相关公司忠实可靠的合作伙伴。无论工程量以及行业差异程度的大小，我们始终按期保质地履行自己的义务。现在，我们希望贵公司使用我们提供的质优价廉的电工产品，该产品均由俄罗斯最优秀的企业生产。

请通过传真007（459）2809484与我们联系。

期待双方进行卓有成效的合作。

此致

敬礼

参考译文3.

尊敬的各位先生：

不久前，我们开始销售冷冻的蔬菜和水果，这些蔬菜和水果在我国有很大的市场需求。我们认

201

为，你们也会对此感兴趣。

由于国内市场取得了良好的效益，我们推测，这些蔬菜水果在国外市场也有需求，我们想向你们了解一下，这些蔬菜水果在贵国市场的需求情况。

如果你们认为这些蔬菜水果在贵国会有市场需求，那么我们很愿意为你们提供样品用于挖掘潜在顾客。

为了便于你们及时订货，附上一份订单。

此致

敬礼

5. Переведите следующие фрагменты писем с китайского языка на русский.

参考译文1.

Уважаемые господа!

Наша корпорация представляет собой одно из крупнейших предприятий КНР. Мы производим и продаём огнеупорную продукцию более 40 лет, имеем свои представительства в Гонконге, Японии и США.

Мы заинтересованы в российском рынке. Наша продукция уже поставляется посредством одной английской фирмы на Урал. Теперь мы ведём переговоры с рядом российских предприятий. Мы заинтересованы и в импорте некоторого металлопроката. Были бы рады установлению двусторонних взаимовыгодных экономических отношений с вашим предприятием.

С уважением

参考译文2.

Уважаемые господа!

Наша фирма «Информсервис» была создана в 1995 году. За двадцать лет своего существования она завоевала прочные позиции на рынке информационных технологий и программного обеспечения.

Для того чтобы больше узнать о нашей компании, предлагаем вашему вниманию буклет, дающий представление об её истории, структуре и планах дальнейшего развития.

Мы рассчитываем установить с вашей фирмой тесное и взаимовыгодное сотрудничество. Сообщите, какую дополнительную информацию мы могли бы выслать в ваш адрес.

С уважением

参考译文3.

Уважаемые господа!

АО «Дали», имеющее более чем 50 летнюю практику выпуска подъёмников, является одним из ведущих машиностроительных предприятий Китая.

Продукция предприятия пользуется стабильным спросом более чем у 10 тысяч дилеров внутри страны и за рубежом. Изделия, производимые коллективом, неоднократно завоевывали золотые и серебряные медали на международных выставках.

Если вы заинтересованы в наших машинах, просим сообщить нам, и мы непременно вышлем вам подробное описание товара с приемлемыми ценами.

Мы были бы рады получить ваш ответ как можно скорее.

С уважением

6. Составьте письма по следующим требованиям. （略）

第16单元　商务邀请函及其复函 (Письмо-приглашение и ответ на него)
1. Прочитайте следующие фрагменты писем и отметьте точные ответы к ним.
   Фрагмент 1.　　　　　Фрагмент 2.　　　　　Фрагмент 3.
   1) В.　2) Г.　3) В.　　1) Г.　2) В.　　　　1) В.　2) Г.

2. Переведите следующие предложения с русского языка на китайский.
参考译文
1）列古斯股份有限公司邀请您参加于6月11日17:00在文化宫举办的周年庆祝活动。
2）由于我已经安排了于2013年4月10日至15日在阿斯塔纳的谈判活动，所以无法参加这次国际展销会。
3）感谢贵方发来的传真以及盛情邀请我们去中国访问。
4）我们公司非常重视与贵方的合作，期待有机会同样向贵方表示我们的热情好客之情。
5）现确认我们达成的协议，根据该协议，贵方代表将到莫斯科开展接下来的工作。
6）您在俄罗斯停留期间的所有费用由交易会主办方承担。
7）液压电力服务有限责任公司荣幸地邀请您和您的伙伴参加于2014年11月13日至2014年11月15日期间在叶卡捷琳堡国际贸易中心举办的第十二届《能源和电力技术》专业展览会。
8）很遗憾地告知贵方，由于事先安排在近日出差，所以不能接受贵方的邀请。

3. Переведите следующие предложения с китайского языка на русский.
参考译文
1) Г-н Иванов с благодарностью принимает ваше приглашение принять участие на открытии нового предприятия.
2) Он не может принять участие в юбилейном торжестве вашей фирмы в связи с запланированной командировкой на этот день.
3) Приглашаем вас посетить наш стенд на выставке, которая будет проходить в выставочном центре с пятого по восьмое февраля.
4) Позвольте поблагодарить вас за гостеприимство, оказанное нашей делегации во время её пребывания в вашей стране.
5) Акционерная компания «Свет» приглашает вас принять участие в юбилейном торжестве, которое состоится в г. Далянь 19.09.2012 года.

203

6) Позвольте пригласить вас на обсуждение в узком кругу качества услуг нашей фирмы.

7) Приглашаем вас в начале следующего месяца посетить завод, на котором осуществляется изготовление оборудования по контракту от 30.06.2012 г.

8) Разрешите мне поблагодарить вас за тёплый приём в Даляне наших русских партнёров.

4. Переведите следующие фрагменты писем с русского языка на китайский.

参考译文1.

尊敬的女士们、先生们：
　　天堂圣地公司诚邀各位参观我们设在2014旅游贸易市场展览会上的展台。《2014旅游贸易市场》展览会将于2014年3月12日至15日在克罗尼克斯展览中心举行，该中心地址：俄罗斯下诺夫哥罗德市舒伊斯基大街121B号。
　　届时我们将十分高兴地向各位提供一直备受欢迎的中国、马来西亚、泰国、大洋洲国家旅游线路的所有信息，还会推荐具有市场前景的阿根廷、秘鲁新线路。
　　我们期待在展会上与各位会面！
　　各位可以通过电话或登录我们公司的网站了解其他相关信息，我们的联系电话是007 (495) 6283654，网址是www.raiskoe.ru。
　　此致
　　敬礼

参考译文2.

尊敬的范立军：
　　如果您能于2014年的年初到伊尔库茨克市访问，我们将不胜感激。届时我们可以讨论共同关心的问题，还可以讨论进一步合作的问题。
　　请将您的决定尽快告知我们。
　　此致
　　敬礼

参考译文3.

尊敬的尼尔森先生：
　　很高兴地通知您，我们已经准备好新型生产线并期待您的检验。
　　我们认为，当您看到我们设计理念中一些新的创意时，您一定会感到惊喜。现邀请您于2014年4月12日到我们演示厅参观，届时可以根据您的要求为您演示我们的产品。我们的地址：俄罗斯，莫斯科市，普希金大街56号。
　　期待近期尽快与您会面。
　　此致
　　敬礼

5. Переведите следующие фрагменты писем с китайского языка на русский.
参考译文1.

> Уважаемый Юрий Иванович!
>
> С 1 по 5 сентября 2010 года в городе Урумчи СУАР КНР состоится 19-ая Урумчийская внешнеторгово-экономическая ярмарка КНР. Сердечно приглашаем Вас принять участие в ярмарке и переговорах по вопросам торговли и технико-экономического сотрудничества, а также приглашаем Вас посетить церемонию открытия.
>
> Добро пожаловать!

参考译文2.

> Уважаемые господа!
>
> Приглашаем вас принять участие в XVI Китайской международной торгово-инвестиционной ярмарке с 08 по 11 сентября 2012 г. в г. Сямэнь (провинция Фуцзянь, КНР).
>
> Сямэньская торгово-инвестиционная ярмарка рассматривается в Китае как важная международная платформа для обеспечения широкомасштабного выхода китайских инвесторов на зарубежные рынки.
>
> В этом году организаторы ярмарки рассчитывают на расширенное участие российских представителей, планируя для этого проведение отдельного российско-китайского симпозиума и выступления с презентациями в рамках международных мероприятий ярмарки.
>
> Для получения более подробной информации посетите сайт www.chinafair.org.cn.

参考译文3.

> Уважаемые господа!
>
> 15 - 19 июня 2011 года в г. Харбине провинции Хэйлунцзян (КНР) будет проходить XXII Харбинская международная торгово-экономическая ярмарка.
>
> В рамках ярмарки состоятся презентации инвестиционных проектов для китайских и российских инвесторов, круглые столы по вопросам развития российско-китайского сотрудничества в области инвестиций, будет организована выставка инвестиционных проектов субъектов Российской Федерации.
>
> Организаторы сердечно приглашают руководителей предприятий и организаций всех форм собственности, имеющих в наличии перспективные инвестиционные проекты, принять участие в Харбинской ярмарке.

6. Составьте письма по следующим требованиям.　　（略）

第17单元　商务贺信 (Письмо-поздравление)
1. Прочитайте следующие фрагменты писем и отметьте точные ответы к ним.

Фрагмент 1.　　　　　Фрагмент 2.　　　　　Фрагмент 3.
Г.　　　　　　　　　　Г.　　　　　　　　　　Г.

2. Переведите следующие предложения с русского языка на китайский.

参考译文

1）在钢铁安装股份公司成立45周年的美好日子里，我谨向您以及公司全体员工致以热烈祝贺。

2）欣闻贵企业成立25周年，谨致以热烈祝贺。

3）在这个美好时刻，我们向我们多年的合作伙伴及各位朋友致以热烈祝贺，愿贵公司在艰巨的工作中取得新的成就。

4）喜闻GSK有限责任公司成立35周年，我们荣幸地向您和全体员工致以衷心祝贺。

5）虽不能与您共度这个美好时刻，但我们的心永远在一起。

6）我们的团队将始终是贵公司值得信赖的友好合作伙伴。

7）我们一直十分珍视已建立的伙伴关系并很高兴同贵方进行合作！

8）欣闻 GBR有限公司成立25周年，请允许向您并通过您向公司全体员工致以热烈祝贺。

3. Переведите следующие предложения с китайского языка на русский.

参考译文

1) А сегодняшний юбилей – это начало новых достижений и побед!

2) Мы уверены в том, что Вы и впредь будете успешно выполнять поставленные компанией задачи и претворять в жизнь масштабные проекты.

3) В этот торжественный день примите искренние пожелания крепкого здоровья, счастья, неиссякаемой жизненной энергии и благополучия!

4) Мы только что узнали, что Вы были назначены генеральным директом Вашей компании, и хотели бы выразить наши пожелания Вам всяческих успехов.

5) Мы выражаем надежду, что наши деловые отношения будут продолжать развиваться в той же приятной атмосфере взаимного доверия.

6) За небольшой период времени существования на потребительском рынке, ваша фирма смогла зарекомендовать себя с хорошей стороны, и достичь лидирующей позиции в продаже товаров.

7) В юбилей компании желаю всем работникам ООО «Лана» счастья, крепкого здоровья и новых успехов!

8) От имени компании «Хуашэн» и от себя лично поздравляю Вас с днём рождения!

4. Переведите следующие фрагменты писем с русского языка на китайский.

参考译文1.

尊敬的奥列格·彼得罗维奇先生：

在贵公司成立35周年纪念之际，我谨代表石油机械制造股份公司的全体员工并以我个人的名义向您及贵公司全体员工表示祝贺！

在这个喜庆日子里，祝您及辛万公司全体员工身体健康、精力充沛、万事如意。我相信，贵公司定能取得更加辉煌的成绩。

期待同贵方继续进行合作！

此致

敬礼

参考译文2.

亲爱的娜塔莉娅：
　　祝贺您荣升白雪王后公司副总裁一职。我相信，您一定能胜任此项工作，同时我也相信，您能够很快赢得公司员工的支持和尊重。
　　祝您事业一帆风顺。
　　顺致最美好的祝福

参考译文3.

亲爱的同仁们、朋友们：
　　值此贵公司成立35周年之际，我们向你们表示衷心的祝贺，同时祝愿贵公司生意兴隆！
　　祝依戈诺公司全体成员身体健康、事业有成、财源广进！祝贵公司的客户们富贵吉祥！希望我们开展长期愉快的互利合作。
　　此致
敬礼

5. Переведите следующие фрагменты писем с китайского языка на русский.

参考译文1.

Уважаемый господин Степанов!
　　Все члены компании «Лунхуа» от всей души поздравляют Вас с новогодним праздником. Примите наши сердечные поздравления с Вашими достигнутыми успехами. Мы верим, что в 2014 году наше сотрудничество будет поднято на новые ступени.
　　От всей души желаем Вам счастья, крепкого здоровья и благополучия.
　　С уважением

参考译文2.

Уважаемая Галина Борисовна!
　　От имени коллектива нашей фирмы выражаем Вам сердечную благодарность в связи с направленными нам поздравлениями по случаю 60-летия со дня основания нашего предприятия.
　　Мы искренне надеемся, что сложившиеся между нашими предприятиями взаимовыгодные отношения получат своё дальнейшее развитие. Пользуясь случаем, передадим Вам и Вашим сотрудникам пожелания успехов в работе.
　　С уважением

207

参考译文3.

> Дорогая госпожа Ли!
>
> Я очень рад, что Вы будете новым директором отдела продаж. Искренне поздравляю Вас с этим назначением и желаю успехов в работе на новом месте.
>
> Надеюсь, наше сотрудничество станет ещё более активным, а отношения – более дружеским.
>
> С уважением

6. Составьте письма по следующим требованиям. （略）

第18单元 感谢信 (Письмо-благодарность)

1. Прочитайте следующие фрагменты писем и отметьте точные ответы к ним.

Фрагмент 1.　　　　　Фрагмент 2.　　　　　Фрагмент 3.
1) Г.　2) Б.　　　　　1) Г.　2) Г.　　　　　1) А.　2) Г.

2. Переведите следующие предложения с русского языка на китайский.
参考译文
　1）请允许我感谢您给予我们公司的良好祝愿。
　2）借此机会，向贵方给予我们的信任表示感谢，希望贵方经常向我们订货。
　3）感谢贵方在我访问期间给予的帮助。
　4）在贵公司成立周年纪念日之际，我们向贵方表示祝贺。
　5）您对组织业务会晤采取了很多措施，我们对此表示感谢。
　6）希望我们双方的业务关系在互相信任的氛围中持续发展。
　7）贵公司向我们公司订货是对我们公司的信任，对此表示真诚的感谢。
　8）确认收到贵方的订单，向贵方给予我们的信任表示感谢，我们将严格履行供货条件。

3. Переведите следующие предложения с китайского языка на русский.
参考译文
1) Выражаем благодарность сотрудникам фирмы «Победа» за высокий профессионализм по поставке товаров.
2) Мы хотели бы поблагодарить вас за дружеский приём, оказанное нашему представителю г-ну Ван Инфаню.
3) Благодарим за Ваше тёплое поздравление по случаю открытия нового представительства.
4) Компания «Цзяжунь» выражает благодарность сотрудникам ООО «Сибирьторг» и надеется на дальнейшее активное и плодотворное сотрудничество.
5) Позвольте поблагодарить вас за гостеприимство, оказанное нашей делегации во время её пребывания в вашей фирме.
6) Благодарим вас за ваше письмо от 18 октября, в котором вы сообщаете, что Владимир Васильевич прибудет в Далянь 30 октября.
7) Выражаем благодарность нашим надёжным партнёрам, всегда выполняющим

контракты точно и в срок.

8) Коллектив компании «Синьли» выражает искреннюю благодарность вам за плодотворное сотрудничество в прошедшем году.

4. Переведите следующие фрагменты писем с русского языка на китайский.
参考译文1.

尊敬的王丽女士：
我们真诚感谢贵方迅速处理了我们的索赔要求。正是基于您的快速行动，我们能够在我们国内迅速解决有关问题。现在我们不必请求客户等待解决问题，所以就不会有大量的向我投诉的电话，同时也没有影响与客户的关系。
顺致真诚敬意

参考译文2.

尊敬的先生们：
多年以来，尼卡银行股份公司一直坚持将各方的信任视为自己的主要资本，注重提高自己的信用，因此也赢得了客户、商业伙伴及股东们对本行的信任。
现在，尼卡银行在全世界银行中占据应有的地位，在这样的成绩中也有你们的贡献。
今天我谨代表我本人和全体员工向你们表示衷心的感谢，感谢你们对我们银行的信任以及给予我们富有成效的合作。
顺致最美好的祝福

参考译文3.

尊敬的刘晓峰：
我对于您给予我的殷勤接待表示感谢，与贵公司代表进行的交流和合作让我感到非常愉快。我相信，所举行的会谈一定会促进我们业务关系的进一步发展，请转达我对参与组织我们会晤工作的所有人员的谢意。
此致
敬礼

5. Переведите следующие фрагменты писем с китайского языка на русский.
参考译文1.

Уважаемая Анна Васильевна!
Сердечно благодарю Вас за оказанный мне тёплый приём. Я покидаю гостеприимную российскую землю с чувством глубокого удовлетворения в связи с проделанной Вами в дни нашего визита значительной работой по укреплению экономических связей между нашими фирмами.

Желаю Вам крепкого здоровья и благополучия.

С глубоким уважением

参考译文2.

Уважаемый господин Петров!

Я имел удовольствие познакомиться с Вами во время моего визита в Москве на прошлой неделе и сейчас хотел бы поблагодарить Вас за гостеприимство, оказанное мне во время моего пребывания в России.

Полагаю, что этот визит был успешным, и я хотел бы быть Вам столь же полезным, когда Вы приедете в Харбин.

С нетерпением ждём встречи с Вами.

Искренне Ваш

参考译文3.

Уважаемый господин Иванов!

От имени нашего коллектива мне хотелось выразить сердечную благодарность за затраченное время и огромные усилия, которые Вы приложили для скорейшего открытия нашего представительства. Это событие имело ошеломляющий успех. Вы, безусловно, способствовали успешному началу нашего дела.

С уважением

6. Составьте письма по следующим требованиям. （略）

контракты точно и в срок.

8) Коллектив компании «Синьли» выражает искреннюю благодарность вам за плодотворное сотрудничество в прошедшем году.

4. Переведите следующие фрагменты писем с русского языка на китайский.

参考译文1.

> 尊敬的王丽女士：
> 　　我们真诚感谢贵方迅速处理了我们的索赔要求。正是基于您的快速行动，我们能够在我们国内迅速解决有关问题。现在我们不必请求客户等待解决问题，所以就不会有大量的向我投诉的电话，同时也没有影响与客户的关系。
> 　　顺致真诚敬意

参考译文2.

> 尊敬的先生们：
> 　　多年以来，尼卡银行股份公司一直坚持将各方的信任视为自己的主要资本，注重提高自己的信用，因此也赢得了客户、商业伙伴及股东们对本行的信任。
> 　　现在，尼卡银行在全世界银行中占据应有的地位，在这样的成绩中也有你们的贡献。
> 　　今天我谨代表我本人和全体员工向你们表示衷心的感谢，感谢你们对我们银行的信任以及给予我们富有成效的合作。
> 　　顺致最美好的祝福

参考译文3.

> 尊敬的刘晓峰：
> 　　我对于您给予我的殷勤接待表示感谢，与贵公司代表进行的交流和合作让我感到非常愉快。我相信，所举行的会谈一定会促进我们业务关系的进一步发展，请转达我对参与组织我们会晤工作的所有人员的谢意。
> 　　此致
> 敬礼

5. Переведите следующие фрагменты писем с китайского языка на русский.

参考译文1.

> Уважаемая Анна Васильевна!
> 　　Сердечно благодарю Вас за оказанный мне тёплый приём. Я покидаю гостеприимную российскую землю с чувством глубокого удовлетворения в связи с проделанной Вами в дни нашего визита значительной работой по укреплению экономических связей между нашими фирмами.

Желаю Вам крепкого здоровья и благополучия.

С глубоким уважением

参考译文2.

Уважаемый господин Петров!

Я имел удовольствие познакомиться с Вами во время моего визита в Москве на прошлой неделе и сейчас хотел бы поблагодарить Вас за гостеприимство, оказанное мне во время моего пребывания в России.

Полагаю, что этот визит был успешным, и я хотел бы быть Вам столь же полезным, когда Вы приедете в Харбин.

С нетерпением ждём встречи с Вами.

Искренне Ваш

参考译文3.

Уважаемый господин Иванов!

От имени нашего коллектива мне хотелось выразить сердечную благодарность за затраченное время и огромные усилия, которые Вы приложили для скорейшего открытия нашего представительства. Это событие имело ошеломляющий успех. Вы, безусловно, способствовали успешному началу нашего дела.

С уважением

6. Составьте письма по следующим требованиям. （略）